JN202872

コーチングで学ぶ

「言葉かけ」練習帳

石川尚子

ほんの森出版

　私は、ビジネスコーチという仕事をもう16年ほどしています。社会人や子どもたちのコーチングをすると同時に、「コーチからコーチングを受ける」ことも、この16年間、欠かしたことはありません。この間に、子どもの頃、あきらめた自分の夢が次々と叶いました。自己肯定感は格段に高まりました。また、コーチングを受けてくださっている皆さんが、夢を叶えていく姿を見るにつけ、「人はもともと夢を叶える力を持って生まれてきているのだ」と心から信じられるようになりました。

　「コーチングを受けると、なぜ夢が叶うのか？」

　その理由はいくつかありますが、何と言っても、コーチが使っている「言葉」が、肯定的、建設的、解決志向であることが大きな要因だと私は思っています。

　「今週は本当に忙しくて疲れ果てました」と私が言うと、コーチは、「そう！　充実した１週間だったんだね。全力を尽くしたんだね」と言ってくれます。

　「そこがどうしてもわからないんですよね」と言うと、「そうか。そこに突破口がありそうだね。一緒に考えてみようよ。きっと、あなたならベストな答えを見つけられると思うよ」などと言います。

　最初は正直、「そんなこと言われても……」と思いましたが、不思議なもので、だんだんその気になっていくものです。気がつけば、自分の思考も、肯定的、建設的、解決志向へと移行しています。1

年間もコーチングを受けていれば、「ま、なんとかなるよね。今、私に何ができるかを考えよう」とつぶやくくせが自然とついてしまいます。これらの言葉を口に出すことでまた、問題志向から解決志向へと自分が導かれていくのです。

＊

　私が、子どもたちとかかわる仕事をするようになったのは、高校生の就職カウンセリングのお仕事をいただいたことがきっかけでした。それまでずっと社会人教育に携わっていた私が、初めて高校生と向かい合って対話をする中で、生徒たちの自己肯定感の低さ、否定的、悲観的、問題志向の言動に非常に驚かされました。しだいに、小中学生や大学生とも接するようになると、高校生に限ったことではないのだと気づきました。

　そんな中で、コーチングのアプローチを通して、子どもたちが本来持っていた自分の力に気づき、前進していく姿に、私自身がとても力づけられました。子どもたちから、コーチングの効果と言葉が持つ力の大きさを教えてもらいました。

　どんな言葉を使うかによって、子どもの未来に影響を与え、同時に、私たち大人の思考や視点も変わっていきます。これまで私が実際に接してきた子どもたちとのやりとり、教育現場や地域、家庭で子どもたちとかかわる皆さんの実践事例をぜひご紹介したい、それらを通して子どもにかける効果的な言葉について考えてもらう一冊がつくれたら、という想いで言葉を集めました。あわせて、コーチングをベースにした【言葉かけ練習ポイント】の解説を加えました。

　この本で言葉かけを一緒に練習しながら、一つでも多く言葉かけのレパートリーを増やしていきませんか。言葉一つで子どもは確実に変わります。

コーチングで学ぶ
「言葉かけ」練習帳
も・く・じ

コーチングで学ぶ 「言葉かけ」練習帳
も・く・じ

第2章
何かに"困っている子"に、こんな言葉かけを！

第3章
"未来に向けて" 子どもを力づける言葉

表紙・本文イラスト：あまちゃ工房・天野勢津子

第 1 章

"普段の言葉かけ"を ちょっと変えると大きな変化が!

「～しなさい」と言わなくてもいい言葉

　コーチングと出会って、使うことに抵抗を覚えるようになった言葉がいくつかありますが、その代表的なものが「～しなさい」という言葉です。

　コーチングは、一方的な指示命令で相手を動かそうとするのではなく、相手の内側から湧いてくる動機によって相手が自ら動く、その「内側からの動機」を引き出すかかわりです。その効果を体感してからは、「～しなさい」というような指示命令形の言葉を使うことに非常に違和感を覚えるようになりました。

　「石川さんが言いたいことはわかりますよ。でも、学校では、ほとんどが指示命令ですよ。『静かにしなさい』『座りなさい』『仲良くしなさい』『勉強しなさい』など、大勢の子どもたちを動かそうとしたら、そうせざるを得ないんですよ」

と、ある学校の先生から言われたことがあります。さらに、先生はこうもおっしゃいました。

　「でも、私だって、本当は言いたくないですよ。朝から夕方までずっと『～しなさい』と言われ続けるなんて、子どももイヤでしょうし、こちらも疲れます。何かいい言葉はないのでしょうか?」

　「～しなさい」という言葉を、指示命令形ではない、何か他の言葉に言い換えるとしたら、どんな言葉があると思いますか。考えてみましょう。

言葉かけ練習帳

〈「〜しなさい」と言わなくてもいい言葉〉を挙げてみましょう。

〈例〉〜しているね

例えば、こんな言葉かけはいかがでしょうか。

〜しているね

　これは、私の本を読んでくださったという小学校の先生が実践されている言葉かけです。子どもを強制的に動かすかかわり方はもうやめようと思ったそうです。その代わりに、日頃から、子どもがやっていることをそのまま言葉に出して伝えるようにしてみました。

「今日も元気にしているね」

「楽しそうに遊んでいるね」

「おいしそうに食べているね」

「片づけを始めているね」

「机に座っているね」

「勉強しているね」

などと、実況中継をするように伝えます。

　先生がこの言い方をするようになって、実感したことがあるそうです。

　「今までずっと『〜しなさい』と言い続けて、なぜ、子どもたちも自分も気分が悪くなるのかがわかったんです。指示命令形は子どもを信頼せず、否定している言葉なんです。『やってないよね！　やりなさい』と。一方、『〜しているね』は、子どもの存在を認める言葉なんだと、あらためて思いました。

　大人だってやる気になれないでしょう、『今のあなたではダメだよ』と否定され続けるような言葉って。私が『〜しているね』を増やしたら、『〜しなさい』と言わなくても、子どもたちは自分で考えて動くようになりましたよ」

すばらしい実践だと思いました。

そして、以前、地域の小学生向けのサークル活動を見学させていただいたときの主催者のお母さんたちの対応も、実に見事でした。

こんな場面がありました。さっきまで一緒に楽しく遊んでいた低学年のAちゃんがふてくされて、みんなの輪から離れてしまいました。「あれ？　どうしたんだろう？　ケンカでもしたのかな？」と思って見ていると、一人のお母さんが、輪の中に入って行って、こう声をかけました。

「みんな、すごく仲良く遊んでいるね。Aちゃんがあっちに行っちゃったけど、どうしたのかな？」

「Aちゃんのおもちゃを他の人が使ったから」と、一人の子どもが答えました。

「そうなんだ。Aちゃんもみんなとすごく楽しそうに遊んでいたのに、今は一人でいるね」

そんな一言二言の対話のあと、輪の中にいた別の子が、端っこですねているAちゃんのそばに行って、みんなの輪に呼び戻しました。その後は、何事もなかったかのように、みんなでまた仲良く遊び始めました。

「お見事！」としか言いようのない対応でした。「仲良くしなさい」「謝りなさい」などと一度も声を荒げることなく、子どもたちが自分で解決するよう促す対応でした。

言葉かけ練習ポイント ①

子どもの言動を実況中継する

「〜しているね」は、子どもがやっていることをそのまま受けとめ、言葉に出して伝えるだけですが、言われたほうは、「見て

くれている」と感じられる存在承認の言葉です。自分の存在を認めてもらえていると感じるとともに、自分の行動を客観的に見つめ直すことができる言葉でもあります。

　否定するわけでもなく、ベタベタとほめるわけでもありません。ただ、見えていることをそのまま実況中継してあげるだけで、子どもは自分で考え、気づき、自発的に動くようになっていきます。

一緒に、〜しよう！

　このサークルのお母さんたちのかかわり方ですが、観察していくほどに、「なるほど！」と感じ入ることがありました。「〜しなさい」はもちろん、「〜しないで！」という禁止の言葉が一つも出てこないのです。

　例えば、集合時間になると「時間だよ！　みんな、もう遊ぶのはやめて！　こっちに集まって！」ではなく、

「じゃあ、時間になったから始めようね」

こんな言葉で、子どもたちの集合を促します。

「一緒にお話を聴く準備をしよう」

「次は、○○ちゃんのお話を一緒に聴いてみよう」

「一緒に感想を書いてみよう」

「おやつがあるから一緒に手を洗おう」

「そろそろみんなで片づけよう」

　声をかけながら、大人ももちろん「一緒に」取り組みます。「〜しなさい」「〜しないで」と言われなくても、子どもたちは嬉々として

動いています。

　この言い方が、学校や家庭で一般的になると、どんなに場が穏やかになるだろうか、と思いませんか。

　子どもたちに向けての講演に呼んでいただいた学校で、これから私の話が始まるというときに、「はい！　静かにしなさい。前を向いて、私語をしないで！」という先生の声が響くことがあります。ドキッとします。私も少し緊張しているので、自分が叱られるのではないかと、さらに緊張してしまいます。

　こんな場面で、

　「これから一緒に、石川さんの話を聴きましょう！」

と言われたら、どんなに心が和むでしょうか。

　日常のあらゆる場面で応用できそうです。

　「早く起きなさい」ではなく「さあ、起きよう」

　「ごはんを食べなさい」ではなく「一緒にごはんを食べよう」

　「出かける準備をしなさい」ではなく「出かける準備をしよう」

　「忘れ物をしないで」ではなく、「持ち物を一緒に確認しよう」

などと声をかけることで、朝のピリピリとした空気も変わるように思いませんか。

言葉かけ練習ポイント ②

Let'sのスタンス

　「コーチングは、『Let'sのスタンス』で相手とかかわります」と、私は説明しています。コーチは、プレイヤーに対して、上から目線ではなく、「一緒に」考え、「一緒に」ゴールを目指します。

　「〜しなさい」という言い方には、上から目線で一方通行のニ

ュアンスが感じられます。言われた側の意思はあまり尊重され
ず、どうしても「やらされ感」があります。

　一方、「一緒に〜しよう」は、お互いに対等な関係で、一緒に
取り組む楽しさや安心感が湧いてくる言葉です。

試しに、〜してみよう！

　中学校３年生の担任をしているＢ先生の口癖は、「試しに、〜して
みよう！」だそうです。

　「試しに、○ページの問題を読んでみよう！」

　「試しに、机の上を片づけてから勉強してみよう！」

　「もうすぐ試験だから、試しに、今日、計画を立ててみよう！」

　「試しに、これについて考えてみよう！」

　「〜しなさい」「〜してください」という言い方はいっさいしませ
ん。「まあ、試しに、このへんから手をつけてみよう！」といった軽
い調子です。

　ですから、生徒たちも、非常に行動が軽やかです。

　「まあ、ちょっとやってみるか」といったノリで、しぶしぶとかイ
ヤイヤといった雰囲気がありません。「〜してみる」という言い方に
は、「別に失敗してもいいし」といった、成功を強制しない響きがあ
り、とっつきやすいようです。

　実際、最初は、多少気のりしなくても、ちょっとやってみると、
スイッチが入っていくものです。

　【やる気が出る⇒行動できる】と考える人が多いですが、実際に
は、【行動する⇒やる気が出る】、こちらのほうが大半です。

まず一番重たい「初めの一歩」を踏み出すきっかけを与えてあげるのに、「試しに、ここだけちょっとやってみようよ」「一つだけやってみよう！」という軽やかな言葉かけは効果的です。

　私も、「試しに、〜してみよう！」は、よく使わせてもらっています。就職試験を受けに行くのを尻込みしてしまう高校生にも、「試しに、一回行ってみよう！」と伝えます。人前で話すことを躊躇している中学生に、「試しに、挨拶の言葉と自分の名前を言ってみよう！」と、チャレンジを促します。

　最初は、なるべく低いハードルを設定します。無理やり引っ張っていって越えさせるのではなく、本人の意思で自ら初めの一歩を踏み出すように促します。

言葉かけ練習ポイント ③

スモールステップの提案

　「やりなさい」と言われると抵抗が生まれますが、「それくらいなら、やってもいいかも」と感じられる小さな一歩（スモールステップ）を提案します。

　しかも、「ちょっとでいいよ。そんなにやらなくていいから」と言われると、おもしろいもので、逆に、「ちょっとやってみるか」という気になるものです。

　ささやかなことであっても、「やってみたらできた」という体験は、「次はこれもできるかも」「これもやってみたい」という意欲を引き出します。

〜すると、どうなるかな？

　ある学習塾で、おもしろい話をお聴きしました。

　「勉強すると、どうなるかな？」という質問を投げかけて、子ども同士が話し合う時間をときどきとっているそうです。どんないいことがあるのかをできるだけたくさん考えてもらうのです。

　「勉強をすると、テストでいい点数がとれる」

　「先生や親にほめられる」

　「親が優しくなる」

　「堂々と遊べる」

　「友達に尊敬される」

　「うれしくなる」

　「自分に自信がつく」

　「『次もがんばろう！』というやる気が湧く」

　「頭がよくなるから、もっといろんなことがわかるようになる」

　「行きたい学校に行ける」

　「やりたいことがやれる」

　「自分がなりたいものに近づける」

　「自分の未来が広がる」

などなど、子どもたちは、けっこう長期的な視点で考えるようになるそうです。

　この話し合いをすることで、勉強は "しなくてはならないもの" ではなく、"自分にとっての良いことにつながるもの" へと変わるので、自ずとやる気スイッチが入るのです。少し遠回りに感じるかもしれませんが、「勉強しなさい！」と言い続けるよりは、よほど効果

的です。

　ときどき、「なぜ、勉強しないといけないの？」と聞いてくる子ども もがいますが、勉強を「しないといけないもの」と子どもが思って いる時点で、とても不幸なことだと私は感じます。本来、勉強とは、 「知らなかったことを知る楽しさ」や「できなかったことができるよ うになる喜び」を実感できるものなのではないでしょうか。ですか ら、子どもたちには、「勉強はしないといけないもの」などと大人が 感じさせてはいけないのです。「勉強したら、こんなにすばらしい未 来が待っている」と感じてもらえたら、「勉強しなさい」などと言う 必要はなくなります。

　勉強に限りません。「〜しなさい」と強制するのではなく、「〜す ると、どうなるかな？」「〜すると、どんないいことがあるかな？」 と問いかけたいものです。

言葉かけ練習ポイント④

ゴールの先を考える

　なぜ、多くの子どもは勉強嫌いになっていくのでしょうか。 何のために勉強するのか、その目的が、本人の中で明確でない まま、ただ「勉強しなさい」とだけ言われるからではないでし ょうか。

　「〜すると、どうなるか」が見えていないことを、ただ「やり なさい」と言われても、子どもの心も身体も動きません。行動 を起こした先にあるゴールが思い描けることで、「そこに行っ てみたい！」という気持ちが引き出されます。その気持ちに気 づけば、子どもは自発的に動きます。

〜しているあなたが好き！

　中学校・高校の生徒向けの講演会に呼んでいただくことがあります が、いろんな学校があり、いろんな生徒がいます。熱心にメモを とりながら聴いてくれる学校もあれば、友達同士でおしゃべりを続 け、聴く姿勢がまったく感じられない場面も多々あります。

　私は"コーチ"の名にかけて、「静かにしなさい」「話を聴きなさ い」などの命令形は絶対に使わないと心に決めています。「自分の思 いどおりに子どもたちを動かそう」と思った時点で、コーチではな いからです。「子どもたちが自ら、『この人の話を聴いてみたい！』 という気持ちになってくれるようにかかわる、それこそがコーチと しての挑戦だ！」などと、少々意地になっているところもあります。

　私のそんな挑戦を、「なぜ注意しないのだろう？」と、もどかしく 思われる先生もいらっしゃいますが、私の本意を汲み取ってくださ る先生もいらっしゃいます。

　あるとき、講演でうかがった学校の先生から、後日、次のような メールをいただきました。

　「日頃、授業をしていて、非常にストレスを感じることが多くあり ました。どんなに注意をしても、私語をやめない生徒、授業に集中 せず、他のことをしている生徒が許せませんでした。うちの生徒の レベルでは仕方がないのかなと、私は半ばあきらめていました。

　ところが、先日の講演では、石川先生は、一度も声をあげていな いのに、最初はにぎやかだった生徒たちがだんだん静かになってい きました。『何が違うのだろうか？』と考えながら聴いていました。 まず、言葉が違いました。私が日頃、使ったこともないような言葉

をたくさん使われました。一番、衝撃だったのは、生徒が少しだけ静かになった瞬間におっしゃった言葉です。

『何も注意しなくても、こうして私の話を聴いてくれている皆さんが好きです』

そんなことを私は生徒に言ったことは一度もありませんでした。そのとき、気がつきました。『私の言うとおりにしない生徒は許せない』と思っている私の言葉に、生徒は耳を傾けようと思うだろうか。生徒が私の話を聴かないのは、生徒のレベルのせいではなく、私が生徒を受けいれていなかったからなのだと思いました。

あの講演のあとは、"この生徒のここが好き"と思えることを探して伝えるようにしています。クラスが少し落ち着いてきたように思います。これからは、怒鳴らなくてもよさそうです。ありがとうございました」

とてもうれしいメッセージでした。

実は、「何も注意しなくても、こうして私の話を聴いてくれている皆さんが好きです」などの言葉は、私が小学生の頃に、担任の先生から言われた言葉の受け売りなのです。私は、今でこそ、人前でお話をさせていただくような仕事をしていますが、子どもの頃は引っ込み思案で非常に内向的でした。人前でハキハキとしゃべる同級生たちを見て、いつも劣等感を抱いていました。「ほら、早く話しなさい！ 何か言いなさい」と言われると、さらに萎縮して、話せなくなってしまいました。あのときの情けなさは、今でもよく覚えています。

そんな私に対して、先生は、こう言ってくださいました。

「あなたは聴き上手だね。いつも、他の人の話をじっくり聴いているあなたの姿が、私は好き。聴き上手はコミュニケーション上手っ

て言うんだよ」

　苦手なことを克服しなさいという言葉ではなく、強みの部分を挙げて、そこを好きだと言ってくださったのです。

　今になって、この言葉が、コミュニケーションに携わる仕事を私に選ばせたのではないかと思うことがあります。言葉の力は本当に偉大です。40年以上経ってもなお、その人の中で生き続けます。

言葉かけ練習ポイント ⑤

　できていることを承認する

　子どものできていないところ、足りないところを指摘するのではなく、できていること、すでにある強みのほうを承認する（認める）言葉をかけます。

　単に「できているよ」「すごいよ」と伝えるのではなく、「私はあなたのそこが好き」と、自分のプラスの感情を伝えることで、子どもはさらに、自分自身の価値と言ってくれた人への信頼を感じることができます。そして、認めてもらえたことをもっと強化しようと動き始めます。

「がんばって！」を言い換える言葉

　若気の至り（？）で、フルマラソンにチャレンジしたことがあります。「制限時間がない」という理由で、ホノルルまで行きました。初チャレンジはお約束どおりの展開で、途中、何度もくじけそうになりましたが、沿道の応援が大きな励みとなり、なんとか完走。

　走りながら、おもしろい発見がありました。“日本人からかけられる声援は、語彙が少ない！”ということです。「がんばれ！」「あともう少し」、だいたいこれくらいです。ところが、外国人からの声援はバラエティに富み、聞いていて楽しくなります。

　「You are challenger！」（あなたは挑戦者だ！）

　「You are great！」（あなたはすごい！）

　「Excellent！」（すばらしい！）

　「Nice run！」（いい走り！）

　「Good job！」（よくやった！）

など、基本的に、承認の言葉です。実に心地よく、気分はトップアスリートでした。

　そして、応援する気持ちでかけていただいた「がんばって！」という言葉は、痛い足を引きずりながら走っている者にとっては、逆効果になることもあるんだと気づきました。つらいときは、「いや、だから今、がんばってるところだから」と、つい言い返したくなる感情すら湧いてくるのです。よかれと思ってかけていただいているのはよくわかっているのですが、英語の表現のように、何か勇気が湧いてくるような言葉はないものでしょうか。考えてみましょう。

〈「がんばって！」を言い換える言葉〉を挙げてみましょう。

〈例〉楽しんでやろう！

例えば、こんな言葉かけはいかがでしょうか。

楽しんでやろう！

　学生時代に水泳の選手だったC先生は、身体に力が入っていると
いい結果が出せないことを体感覚で知っている人でした。中学校で
担任として初めて生徒と向かい合ったときに、生徒も緊張していま
したが、自分も萎縮しているなと感じました。水泳の大会に出場し
たときのことを思い出しました。

　「そうだ！　楽しんでやろう！　いつも、そう自分に言い聞かせ
てきた」

　生徒たちにも伝えました。

　「勉強は楽しいですか？　え？　楽しくない？　楽しんでやると、
より力がついていきます。『イヤだけどがんばろう！』では、続かな
いでしょう。毎日やることだから、苦しくやるより、楽しんでやり
ましょう！」

　最初は、ポカンとしていた生徒たちでしたが、C先生が折々に口
にする言葉だったので、生徒たちの口癖になっていきました。

　文化祭の準備をしているとき、「どうしよう、間に合わない」とい
う事態が発生しました。クラス中に、「どうするんだよ？　誰のせい
だよ？」と責任を追及する不穏な空気が流れました。しまいには
「もう、ダメ。やめたい」と、あきらめムードが漂いました。その
ときに、一人の生徒が、「どうせやるなら、楽しんでやろう！　です
よね、先生！」と声をあげました。その一言で、クラスの空気が一
気に和らいだそうです。

　「あれは、本当にうれしかったですね。私がかけている言葉を生徒

も覚えていて、肝心なときに使ってくれたことが！」と、C先生はうれしそうに話してくれました。

「それでね、もっと、すごいことが起きたんですよ！」

「どうせやるなら、楽しんで！」を合い言葉に挑んだ高校受験で、クラス全員が第一志望に合格したそうです。

「言葉は、本当に大事だと思いました。自分が使う言葉は、生徒にも伝染します。自分がよりよい状態になれる言葉を使うと、生徒も落ち着いてきます。クラスの合い言葉があるというのもいいですね。一体感が生まれました」

とてもいいお話を聴かせていただきました。

言葉かけ練習ポイント ⑥

リラックスする言葉をかける

これから、大勝負に挑みに行くという相手に向かって、ニコッと笑って、「楽しんでね！」と言うと、相手も必ず笑顔になります。もちろん、適度な緊張感を保つこと、気合いを入れて臨むことは決して悪いことではありません。

しかし、心身が強張っている状態だと、心身の柔軟さが発揮されません。緊張したときに、「深呼吸して」と言うのも、心身を緩める方法の一つです。放っておくと、つい、力が入って、深刻になりがちです。コーチは、ときどき、相手の力を抜く言葉をかけて、リラックスを促します。

・「このピンチを楽しもう！」

・「力を抜いていこう！」

・「笑顔でね！」

・「ゆっくりいこう！」

・「この瞬間を味わおう！」
・「自分のペースでいいよ！」
・「ワクワクしてる？」
など、リラックスを促す言葉はまだまだありそうです。

あなたならきっとできるよ！

これは、私のコーチングの授業を受けていた大学生が、中学生のときに担任の先生からかけてもらった言葉です。

「今、私はこうして大学に通っていますけど、以前は大学に行けるような状態ではぜんぜんなかったんです。家庭環境があんまりよくなくて、子どもの頃は、親がよくけんかをしていました。結局、自分が中学生のときに離婚して、もう何もかもがイヤになりました。親にとって、自分の存在が邪魔なんだろうなというのも、なんとなくわかっていたし、それに比べて、友達の家庭は普通そうで、うらやましかったです。自分だけが不幸なんだと思っていました。引け目も感じて、学校に行かなくなりました。

そうすると、担任の先生が家まで来るんですよ。『もう学校は行かない』と言っているのに、ちょくちょく来るんです。先生といろんな話をして、たまたま、『もっと人のことを知りたい。心理学を学んで、自分みたいに腐っている子どもの話を聴いてあげたい』という話をしたんです。そうしたら、『きっとできるよ！』と先生が言うんです。最初は、お世辞だと思いました。学校に来させるつもりで、適当に言っているって思っていました。

そうしたら、そのあと、ここの大学にこんな学科がある、こっち

の大学ではこんな勉強ができるとか調べてくるんですよ。『いや、先生、ごめんなさい。自分のほうが適当なこと言っただけなのに』ってすごく悪いなって気持ちと、『もういいから、自分のことは放っといてくれ』って気持ちで、正直、つらかったです。

でも、先生は毎回言うんですよ、会うたびに『あなたならきっとできるよ！』って。真剣に、まっすぐ目を見て言うんですよ。ずーっと言われ続けたら、やっぱり、そんな気になっちゃいますよね。『オレ、できるんじゃないか？』って。で、本当にそうなっちゃいますよね。

出席日数ギリギリでなんとか高校に入って、この大学には推薦で入りました。コーチングの話を聴いて、中学校のときのあの先生って、コーチだったんじゃないかなって思ったんですよね。『がんばれ』とは一言も言わなかった。けど、あのとき、自分は真剣に『がんばろう』と思えたんです」

この先生に出会っていなかったら、彼は今頃、どうしていたのかなと思うと、一人の存在の大きさ、一言の重さを感じずにはいられません。

言葉かけ練習ポイント ⑦

絶対無条件の信頼

コーチングはコミュニケーションのスキルですが、その土台に、相手に対する絶対無条件の信頼があって初めて機能します。絶対無条件の信頼とは、「この子は勉強ができるから信じる」「この子は約束を守るから信じる」といった条件付きの信頼とは違います。「この子が今どんな状態、状況であっても、今よりもさらに成長できる可能性を持った存在だ」という何の条件

もない信頼です。コーチには、スキルはもちろんですが、それよりも前に、相手を信頼する "あり方" が求められます。

「相手の可能性を信じられなくなったら、コーチをやめたほうがいい」。これは、私のコーチングの師匠からいただいた言葉です。こちらが相手を信じるからこそ、相手は、そのような人として成長していくのです。

全部受かったらどうする？

大学合格というゴールに向かっている高校生のコーチングをお引き受けすることがあります。無事、目標達成し、第一志望に合格したDさんとは、月に1回1時間、半年ほど、電話でコーチングをさせてもらっていました。

基本的に、私は「先月は、どんなふうに過ごしていたの？　今月はどうするの？」と質問して、話を聴いているだけでした。Dさんは、自分で計画を立て、実践し、コーチングでふりかえりをしながら、見事に目標を達成しました。最後のコーチングのときに、彼女はこう言ってくれました。

「国公立はこことここを受けて、私立はこことここを受けるっていう話を私がしたときに、石川先生が『それ、全部受かったらどうする？』って聞いてくれて、すごくうれしかったです。全部落ちたらどうしようって考えて不安になっていたし、全部受かるなんて考えたこともなくて。でも、『全部受かったら』って言われたときに、"それ、すごいかも！" って思えて、またやる気になれました。私が全部受かるって思ってくれて、ありがとうございました」

Ｄさんの言葉を聴きながら、思わず、涙がにじみました。「ああ、Ｄさんは淡々と勉強をこなしながらも、本当は、不安と闘っていたんだな」と思いました。

　「落ちたらどうしよう？」という不安の中で、「できるよ」という前提でかけた言葉が、Ｄさんの頭の中に、合格のイメージを思い描かせたのです。成功イメージが映像化できたら、自ずと、チャレンジに向かうスイッチは入ります。

　私のコーチ仲間のＥさんは、娘さんが高校最後の部活の大会に臨む日の朝、お弁当を渡しながら次のような言葉をかけたそうです。

　「今日って、これから大会だったよね。お母さん、今朝、あなたが優勝する夢を見たよ。起きたら、もう大会は終わったんだと思ってしまったわ」

　この言葉に、娘さんはゲラゲラ笑いながら、

　「お母さん、それ、超ウケる！　おもしろすぎて、なんか、もう緊張が抜けてしまったわ！　正夢になったらすごくない？」

と言って出かけて行きました。結果は準優勝だったそうですが、過去最高の成果でした。

言葉かけ練習ポイント 8

成功イメージが描ける言葉を使う

　本人も「結果を出したい！」と思っているとき、強く思うあまり、不安や緊張に押しつぶされそうになることがあります。そんなとき、単に「がんばって」と励ますより、達成されたときの様子が、映像として浮かぶような言葉かけをしてみます。

　「そうなったらすごい！」

　「成し遂げた自分を想像するとワクワクする！」

そんな気持ちが引き出せたら、きっと、リラックスして本番に臨めるでしょう。コーチは、折々に、相手の頭の中で、成功イメージが描けるような言葉をかけていきます。

遠慮しないで思いきってやってね

　地域のイベントで、オーケストラの指揮をすることになった小学校6年生のF君、かなり緊張しています。楽団の皆さんは、プロではありませんが、全員大人です。

　「がんばって！」と同級生たちが声をかけますが、F君は、ますます緊張して固まっています。この楽団の常任指揮者のGさんが、声をかけます。

　「みんなが君についていくから、大丈夫だよ！　遠慮しないで思いきってやってね！」

　その言葉に、楽団の皆さんも笑顔で「うん、うん」とうなずいています。

　やっと笑顔になったF君の指揮者ぶりは、すばらしいものでした。背中を押した一言でした。

　似たような言葉を、子どもたちにかけているコーチがいます。

　「思うぞんぶん、やってきて！」

　「今のパワー全開で！」

　「ガンガンやっておいで！」

　「伝説になるくらい大胆にね！」

　「あとでヒーローインタビュー、よろしくね！」

など、応援する言葉はけっこうあるものです。

軽やかにリクエストする

コーチングでは、基本的に「〜しなさい」と行動を強制するような言い方はしません。しかし、時には、「〜して」「〜してください」とリクエストをすることもあります。

ポイントは、軽やかに背中を押す気持ちで伝えることです。コーチが深刻になったり、熱くなりすぎたりしてはいけません。あくまで、「大丈夫！　あとの責任は自分がとるから！　心配しないでやっておいで！」という気持ちで言葉をかけます。すると、相手も緊張がほぐれ、挑戦が楽しくなります。

私はこれに挑戦する！

私が心から尊敬する先生方の中でも、とりわけ、北海道の高校のH校長先生は特筆に値する先生です。夏休み前の終業式には、全校生徒の前で、こう宣言されたそうです。

「高校生活の貴重な夏休み！　君たちもぜひ、何かにチャレンジしてほしいです。私はマラソンにチャレンジします！」

途中で足がつり、地域の皆さんに助けてもらいながらも、H校長先生は、宣言どおりフルマラソンを完走されたそうです。これほど触発される激励のメッセージがあるでしょうか。

こちらは、目標達成意欲が高くひときわ利発な新入社員のIさんの言葉です。

「うちの親、すごくおもしろかったんですけど……。私の中学の入

学式で、『あなたも中学生になったんだから、お母さんももっと何か、がんばりたくなってきた！』とか言い出して、『決めた！　今日から、毎日、寝る前にストレッチをする！』って、いきなり宣言したんです。『なんで、ストレッチなの？』って聞くと、『いつまでも若々しいスタイルのお母さんだったら、あなたも自慢でしょ？』なんて言って。別にそんなこと頼んでないんですけどね。私に対してがんばれって言うんじゃなくて、自分の目標を立てて、自分ががんばるって言うんですよ。けっこう小さい目標なんですけど、やっている姿を見ていると、なんか、こっちも『がんばろっかな』っていう気持ちになってくるんですね。それで、高校生くらいから、私も今年度がんばることを４月に宣言するようになりました」

　「がんばれ」と言わないで、相手をその気にさせるなんて、Ｈ校長先生もＩさんのお母さんも、究極のコーチだと思いませんか。大人が決意の言葉を語り、自分のやる気を見せることは、子どもの背中を押すのに、非常に効果的なコーチングになることがあるのです。

言葉かけ練習ポイント⑩

自らチャレンジ宣言をする

　何かにチャレンジしてほしいとき、単に、激励の言葉をかけるだけではなく、「私もチャレンジする！」と宣言し、「一緒に取り組もう！」と促すのも効果的です。チャレンジングな宣言であればあるほど、子どもは触発されます。

　「子どもは、言うとおりにはならないが、するとおりにはなる」とは真実だと感じます。子どもに、がんばってほしいのなら、「まず、大人から！」です。

子どもの成長を
ともに喜ぶ言葉

　私が、なぜコーチの仕事を続けられているかというと、日々、多くの感動に出会えるからです。感動は、誰かの夢の実現に立ち会えたとき、そして、人の成長を目の当たりにしたときに生まれます。とりわけ、かたくなに「できない」と尻込みをしていた子どもが、勇気を持って一歩を踏み出した瞬間などには、目の奥が熱くなります。「すごいよ！　すごいじゃないか！」と、叫びたくなります。

　今、目の前で見えているものだけで、子どもの可能性を測ってはいけないと感じます。表には現れていない未知の可能性が、子どもの内側にはまだまだたくさん秘められています。テストでいい点がとれなかった、志望校に合格できなかった、学校に行かなくなった、それだけで、この子の将来に失望するような狭い了見では、子どもたちが本来持っている可能性の大きさなど到底感じ取ることはできません。

　コーチとしてかかわる中で、可能性の表出を垣間見ることができたときに、「すごい！」という感動とともに「ありがとう！」という感謝の気持ちが湧いてきます。「この子は、私に『あなたには生きている価値があるんだよ』と教えてくれている」と。子どもの成長にかかわれたとき、大いに自分の存在価値を感じます。

　子どもたちもまた、自分自身の前進や可能性を感じられたときに、喜び、楽しさ、達成感、自己肯定感を味わいます。そんなときに、ともに成長を喜び合える言葉をかけたいものです。

　どんな言葉があるでしょうか。考えてみましょう。

言葉かけ練習帳

〈子どもの成長をともに喜ぶ言葉〉を挙げてみましょう。

〈例〉この前とまったく違うね

例えば、こんな言葉かけはいかがでしょうか。

この前とまったく違うね

　私が子どもの可能性を心から信じられるようになった一つの出会いがあります。当時、中学校1年生だったJさんとの出会いです。Jさんのお母さんとは、仕事でご一緒していました。

　「私の育て方が悪かったのか、娘が急に学校に行かなくなり、悩みの種なんです。昔から引っ込み思案で自信がなく、友達づきあいも苦手だろうとは感じていたのですが、中学校に入ったら、やっぱりうまくなじめないようで。すっかりふさぎこんでしまい、家でも何も話さなくなって。どうしたらいいか私にもわからないんです」

　そんなお話を、折々に、お母さんから聴いてはいました。

　あるとき、お母さんと一緒のJさんと会う機会がありました。

　「お母さんがいつもお世話になっている石川さんだよ！　いろんな人の話を聴いて、目標達成を応援してくれる人だよ！　Jも何か話を聴いてもらったら？」とお母さんが促しますが、Jさんはずっと背中を丸めてうつむいたままでした。私のほうをいっさい見ません。まったく表情がありませんでした。お母さんが、気をつかって席を外してくれました。

　「何歳だっけ？」

　「部活は何か入ったの？」

などと、話しかけてみますが、かすかに首を傾けるだけで、一言も発しません。

　私には、苦い思い出がありました。一言も話さない高校生に対して、「今は就職カウンセリングの時間なんだから」とばかりに、質問

を繰り返し、返答を求めました。言葉づかいは穏やかだったと思いますが、私に心を開かないことへの苛立ちが、生徒には伝わったのでしょう。無言で椅子を蹴って、教室を出て行ってしまいました。それ以来、あの過ちは決して繰り返すまいと心に誓ってきました。

　今回も焦らず、Ｊさんの答えを待ちました。お互いに、しばらく黙ったままお茶を飲んでいましたが、ややしばらくして、Ｊさんが絞り出すように言いました。

　「あの、コミュニケーション、上手に、なりたい、です」

　か細い声で、やっとの思いで、そう言ったＪさんの気持ちを想像すると、何かこみ上げてくるものがありました。

　「そう、そうか！　そうだよね！　私もなりたい！　コミュニケーション上手に！」と答えると、Ｊさんは初めて顔を上げて、私の目をじっと見ましたが、また、下を向いて黙ってしまいました。

　「あ、私ね、今こんな仕事をしているけどね、子どもの頃は、コミュニケーションが苦手で、本当に人と話せなかったんだよね」

　最後は、そんな話を一方的にして、この日は別れました。

　後日、お母さんから連絡が来ました。

　「うちの娘とまた会ってやってもらえませんか？　石川さんとお会いして、何か思うところがあったようなのです」

　そして、もう一度、会う機会がやってきました。Ｊさんの姿を見たときに、最初に会ったときと少し印象が違って見えました。顔色が多少よくなったような、落ち着きがあるような、うまく言えませんが何かが違っていたのです。一番、驚いたのは、私の目を見て、「こんにちは！」と挨拶をしたことです。この２週間ほどの間に何かあったのでしょうか。

　「この前とまったく違うね！」と、私は開口一番に伝えました。

「え？」

「うん、違う！　この前よりずっとコミュニケーション上手になってるよ」

「え？」と言って、「そんなことない！」というように、首を横にふるのですが、Ｊさんはかすかに微笑みました。なんだ、笑えるじゃないか！

「うん、いいよ。絶対に前進してる！」

「でも、学校には、まだ……」

「いいんだよ、それはいつでも行けるから。Ｊさんは、この前とはもうまったく違うステップにいるよ。私の目を見て挨拶してくれた。笑顔になってる。顔色もいい。声も前より大きい！」

うれしくて、そんな言葉をかけました。この日は、初回よりも少し会話ができました。

言葉かけ練習ポイント⑪

変化をフィードバックする

　誰しも、自分の身長が伸びていることには、自分では気づきにくいものです。コーチは、その変化を見つけてフィードバックします。コーチングで言う「フィードバック」とは、評価や助言を与えることではありません。コーチが相手から感じ取ったことをただ伝えるのです。

　本人には気づきにくい変化を伝えることで、本人の中でも、気づきや喜びが生まれます。自分では「何も変わっていない」と感じていたことも、前回からの変化を伝えてもらうことで、「前進しているんだ」と実感できるようになります。

やっぱり、できた！　やると思ってたよ

　こうして、Ｊさんと、２週間に１回ほどのペースで会って、話すようになりました。Ｊさんとの会話の中で、少しずつですが、Ｊさんが、コミュニケーション上手になりたいと思ったきっかけや学校に行かなくなった理由もつかめるようになってきました。

　「私が教室に入ったら、なんか、女子のグループが私のほうを見て笑ったんです。お母さんに話したら、『そんなのいちいち気にしなくていいから』って言われたけど、私は、それがなんかイヤで、休み時間も一人でいたんです」

　「そうか、そんなことがあったんだね。今はどんな気持ち？」

　「学校は行きたくない。……けど、本当の本当は、みんなと仲良くできたら一番いいのかな、とは思います。別に、一人でいてもいいけど、やっぱり、ダメだと思うから」

　「そうなんだね」

　しだいに自分の気持ちを話し出すＪさんの言葉を、最初はただ受けとめるだけでした。しかし、中学生といえども、本当にすばらしい存在です。ただ気持ちを受けとめて聴いているだけでも、どうしたらいいのか、自分で気づいて、自分で決断し始めます。

　「やっぱり、このままじゃダメですよね。学校、行かないと！」

　「Ｊさんが行きたいなら、行ったらいいよ」

　このやりとりが、しばらく繰り返されましたが、Ｊさんから「学校に行きました！」という報告はありませんでした。このとき、Ｊさんは、「頭ではわかっている。けど、勇気が出ない」という気持ちと闘っていたのだと思います。正直、私の中でも、「Ｊさんは、もう

ずっとこのままなのだろうか。変わらないのだろうか」という気持ちと「いや、きっと一歩踏み出す日が来るはずだ！　信じなければ」という気持ちがせめぎ合っていました。

　初めて会ってから、2か月ほどが過ぎました。Ｊさんからついに、「この前、久しぶりに、学校に行きました」と報告がありました。

　「やっぱり、できた！　やると思ってたよ」

　私は心からそう伝えました。

　「え？　本当に？」

　Ｊさんは恥ずかしそうでしたが、これまで見たこともない明るい笑顔を見せてくれました。

　「どうせ、できないって思ってませんでしたか？　大人はみんな、そう思っている。私のことを、どうせ無理って」

　Ｊさんにそう言われて、私の心の奥が少しチクリと痛みました。ずっとそんな気持ちでいたのかと思うと、「ごめんね」という想いが湧きました。その想いを打ち消すように、私はもう一度伝えました。

　「Ｊさんは、やると思ってたよ！」

　Ｊさんが、さらにうれしそうな表情を見せました。この子は、本当に、私と目も合わせなかったあのＪさんなのだろうか？　別人ではないだろうか？　目を疑うほど、魅力的なＪさんが目の前にいました。

言葉かけ練習ポイント⑫

「できる子」として接する

　悪気はないけれど、「あなたはできない子」という前提で接していることはないでしょうか。

　「今回は、めずらしくいい点数だったね！　まぐれで終わら

ないようにね！」

「おや？ 今日は何も言ってないのに、自分から勉強してる！ 明日、槍が降ったらどうしよう？」
などと、軽い冗談のつもりで言ったとしても、こうした言葉で傷つく子どもがいます。

こちらに、「できない子」「言わないとやらない子」という前提があると、つい、こういう言葉が出てしまいます。そんな心ない言葉で、「やっぱり、できないと思われているんだ」と、子どもは感じ取ってしまいます。

「できる子」という前提で、成長を認め、喜ぶ言葉をかけていきたいものです。

私は１か月でこんなに変われない

それでも、Ｊさんには、まだ気が重いことがありました。

「一日行けただけなんです。クラスの子たちも、不思議そうな顔で私を見てました。『なんで、こいつ、今さら来たんだ？』みたいな。もう学校には来ないって思われてたんでしょうね。それで、どうしていいかわからなくて、誰とも何も話さないまま帰ってきてしまいました」

「そう、一日、学校にいたんだね。チャレンジしたんだね」

「何も変わってないです。学校行っても、しゃべらないから、学校行っても行かなくても同じなんです」

「そうか、そう思ったんだね。私にはすごく変わったように見えるよ。今日のＪさんを見ていて思った。私は１か月で、こんなに変わ

れない」

　その瞬間、Ｊさんは急に顔を上げ、私をじっと見つめました。

　「どうして？　石川先生のような人が、どうして、そんなふうに思うんですか？」

　「今日、Ｊさんに会って話を聴いたときに、Ｊさんが、1か月前に『学校、行ってみます』って言ったときと、別人のようだなと思ったよ。会うたびに、どんどん成長してきたのがわかるよ。笑顔が素敵になった！　自分のことをこんなに話せるようになった！　勇気が要ることを『やってみる』と言って、本当にやった！　これは、とてもすごいこと！　大人でもできない人がたくさんいる。前と変わってないなんて絶対にない。私は、1か月で、こんなに別人のようには成長できない。私は感動したよ。私はうれしかった」

　Ｊさんは、目を潤ませながら、私の目をじーっと見ていました。私の胸にも迫るものがありました。どうして、やればできる子が、こんなに自分を小さく扱わなくてはならないのだろう？　こんなに可能性を秘めているのに、どうして、そうじゃないとして生きてきたのだろう？

　やがて、Ｊさんが、口を開きました。

　「石川先生、私、もっと、変わりたいです！」

　さらに力強い言葉でした。

言葉かけ練習ポイント⑬

成長の大きさを伝える

　思いきってチャレンジしてみたものの、すぐには成果が実感できないことはあります。そんなときは、どうしても、くじけそうになってしまいます。それでも、一つチャレンジしたこと

は、それだけで、その子にとって大きな成長です。「それくらいのことで、大げさにほめなくても」と流してはいけません。「あなたは大きな成長を遂げたんだ！」と、ぜひ言葉にして伝えてあげてください。自己肯定感と次へのチャレンジ意欲が高まります。

・「この期間でこんなに伸びた人はいないよ」
・「ここまでできるようになったのは、あなたが初めてだ」
・「1か月でここまでできたから、あとはもっといけそうだね」
・「身長にたとえるなら、2倍くらい伸びている」
・「私の記憶に残る前進だ！」
　成長の大きさを伝える言葉は、まだまだありそうですね。

私にも教えてほしいな

　Jさんが勇気を持って一歩踏み出したことによって、クラスにある変化が生まれたようでした。担任の先生が、Jさんをはじめ、クラスのみんなにとって、もっと居心地のいい場をつくれないだろうかと考えられたようです。詳しい経緯は私にはわかりませんが、ホームルームの時間を使って、なるべく全員がコミュニケーションをとれるように、2人組でインタビューをしあったり、どんどんペアを変えて他己紹介をしあったり、といった機会ができたそうです。

　Jさんは、宣言どおり、どんどん変わっていきました。いえ、変わるというより、もともと自分自身が持っていた強みを思い出していったというほうがふさわしいのかもしれません。

　「最初は、不安だったけど、やってみると、どんどん話せるように

なってきました。自分も、ほんと、成長したなって思います」

そんなことも言うようになりました。

「それで、どうすれば話がはずむのか、わかってきたんです」

「へぇ、そうなの？　それ、すごいね！　私にも教えてほしいな」

「え？　だから、ちゃんと聴いてあげるんですよ。『へぇ』とか『うん』とか言って。で、『すごいね！』『おもしろいね！』ってほめる。そうしたら、相手がどんどんしゃべり出して、そのうち『で、Jはどうなの？』ってふってくれるから、私も自分のことをしゃべると、けっこうしゃべれるんです」

「へぇ、そうなの！　すごいね！」

「だから、石川先生が、そうやって、いつもやってることですよ」

と言って、ケラケラと笑い出すJさんは、紛れもなく健全で快活な一人の女子中学生でした。

「だんだん他の人のこともわかってきて、本当はみんないい人なんだなって。最近は、向こうからも声かけてくれて、普通にしゃべれるようになりました。今、毎日、学校に行ってますよ！　毎日だと眠いけど、学校も楽しいかなって思えるようになってきました！」

「すごいね！　どうやったら、楽しいって思えるようになったのか、その秘訣を私にも教えてほしいな」

「うーん、結局、自分ですよね。自分が勝手に、笑われた、バカにされたって思い込んで、壁をつくってたんだなって、私がみんなを拒否してたんだなって、気がついたんです。それをやめたら、みんな、いい人ばっかりと思えるようになったかな」

本当にすごいことを言うようになりました。代わりにコミュニケーション研修をやってもらえそうな勢いです。「子どもってすご

い！　こんなに伸びる力を持っているんだ！」と心から感動しました。このときの喜びが、ずっと私を支え続けているように思います。

「Ｊさん、最初に会った日に自分が何を言ったか覚えてる？　『コミュニケーション上手になりたい』って言ってたよね。今、Ｊさんが言ったことって、コミュニケーションで、本当に大切なこと。それを心から理解できている人の言葉だなぁって思った。コミュニケーション研修の先生ができるよ」

「え〜?!……」

と叫んだきり、Ｊさんは遠くのほうをずっと見つめていました。ほんの数か月前の自分の姿をふりかえっているようにも見えました。

言葉かけ練習ポイント⑭

相手を「先生」にする

　子どもができるようになったこと、覚えたこと、成果をあげたことについて、逆に「教えてほしいな！」と教えを乞うことは、子どものプライドを刺激します。大人に教えることができるほど自分自身が成長しているんだ、と実感できるのです。大人に何かを教えてあげた体験もまた、子どもにとっては、大きな達成感と喜びにつながります。

・「へぇ！　そんなこと、もう知ってるの？　私にも教えて！」

・「それ、どうやってやるの？　教えてくれない？」

・「どうして、そんなに上手になったの？　教えてほしい」

・「どんなふうに考えたの？　ぜひ、知りたいから教えて！」

・「どうしたら、あなたのようにうまくできるの？　教えて！」

など、アレンジができそうです。

　Ｊさんが学校に行くようになって、Ｊさんも中学生としての日常が忙しくなってきました。喜ばしいことではあるのですが、残念ながら、直接会うことはなくなっていきました。ときどき、お母さんからＪさんの様子を聴く程度でした。

　「成績のほうは、そんなによくはないんですよ。でもまあ、１年生のときのことを考えたら、元気で学校に行くことができているだけで花マルかなって、思っているんです。あれから、私はいろいろ反省しました。あの子を、あんなに引っ込み思案な子に育てたのは、私のせいじゃないかって思うんです。『こんなこともできないの？』『○○ちゃんはできているのに』って、ダメなところばかり言ってきた気がします。私も今、言葉を変えるようにしています。少しでもできたことは、『できたね！』って言ってあげるようになりました」

　こう話すお母さんの表情からも、かつての悲壮感が消え、明るさが感じられました。

　決してお母さんを否定するものではなく、お母さんにとっても、Ｊさんにとっても、この体験は各々の成長に必要な過程だったと私は思っています。しかし、もし、子どもの成長を喜ぶ言葉がもっと子どもの周りにあふれていたとしたら、Ｊさんのようにつらい思いをする子どもはもっと減るのではないかと思うのです。

　さて、それからしばらくして、Ｊさんが高校に合格したというので、久しぶりに会うことになりました。約２年ぶりに会ったＪさんは、もうまったくの別人でした。朗らかでエネルギーに満ちていました。

「なんとか、高校に合格できました。あのとき、いろいろ相談に乗っていただいて、ありがとうございました」

言葉づかいまで、大人になったように感じました。

「こちらこそ、うれしい報告をありがとう！　合格、おめでとう。Jさんが高校生になるなんて！　私はとってもうれしい。本当にありがとう！」

「いや、ありがとうはこっちのほうですよ！　石川先生に『ありがとう』と言われるなんて変ですよ。でも、うれしいです！」

「いや、こちらこそ！」

と言い合いながらゲラゲラと笑いました。Jさんの成長をともに喜び合えた経験は、今でも私の原点となっています。

Jさんとの出会いは、「人は信じるに値する存在だ」ということを教えてくれた出会いでした。こんなに短期間で、子どもは成長できるんだ！　それを、目の前で見せてくれました。そして、成長していく過程に寄り添える喜びを感じさせてくれました。

成長しない子どもなんていません。「成長したくない」と心から思っている子どももいないでしょう。誰かの成長に感謝できることは、本当に幸せだなと感じます。

言葉かけ練習ポイント⑮

子どもの成長に感謝する

大人は、つい、「こっちが子どもを育てているんだ。成長させてやっているんだ」と思ってしまいがちです。どこかで、「子どもが大人に感謝するのが当たり前」と思っているところもあります。

実際には、問題と思える行動をとる子どもや、こちらの思い

どおりには動かない子どももいて、煩わしく思うことはあります。それでも、そんな手こずらせる子どもが成長していく様子を見るのは、よりいっそう感慨深いものがあります。

　そして、かかわる自分自身が一番成長させてもらっているのではないかと思います。そういう意味でも、喜びと成長の機会を与えてくれている子どもたちには感謝の気持ちで接したいものです。

・「こんなことができるようになったなんて、うれしい！　ありがとう」
・「こんなに成長してくれて感動だ。ありがとう」
・「前よりも大人になっていて感激した。ありがとう」
・「最後まで元気にやり遂げてくれてありがとう」
・「あなたがつくった成果に私も力づけられたよ。ありがとう」
　さまざまな形で、ぜひ、伝えてみてください。

第 2 章

何かに"困っている子"に、
こんな言葉かけを！

「やりたいことがわからない」と言う子どもにかける言葉

　これまで小学生・中学生・高校生・大学生と接してきて、最も多い相談項目は「やりたいことがわからない」です。この言葉を口にする子どもたちは後を絶ちません。そして、「わからない自分はダメなんだ」と自己卑下している子もまた非常に多いのです。

　一方で、「言ったことしかやらないんですよ」「自ら考えて自発的に動ける者はほとんどいません」という声も、社会人教育の現場で、新人指導担当者や上司から折々に聞かされる嘆きの声です。保護者や先生からずっと「言ったとおりにしなさい！」と言われ、言われたとおりにしないと叱られてきて、社会人になったとたん「自発的に！」と言われても、戸惑うのは無理のないことでしょう。

　「『自分で考えてやりなさい』と言われても、やったことがないことをどうやったらいいのかわかりません」「教わっていないので、できません」と返答する新人たちも少なくありません。

　これらの言葉を聴くたびに感じます。私たちは、これまで子どもたちに、「自分で考える」機会をどれだけつくってきたでしょうか。自分が「やりたいこと」について自由に考える機会を十分につくってきたと言えるでしょうか。

　子どもに「やりたいことがわからない」と言われると、大人も子どもも、あまり幸せな気分にはなれません。このような場合、どんな言葉をかけたらよいのでしょうか。子どもたちから「自分で考える力」や「未来への希望」を引き出すような言葉について、一緒に考えてみましょう。

言葉かけ練習帳

〈「やりたいことがわからない」と言う子どもにかける言葉〉
を挙げてみましょう。

〈例〉「わからない」って
「可能性は無限」ということだよね

例えば、こんな言葉かけはいかがでしょうか。

「わからない」って「可能性は無限」ということだよね

「やりたいことがわからない」という言葉を、私が最も多く聴いた現場は、高校生の就職カウンセリングの場です。やりたいことがわからないから職業選択ができない、だから志望先が決められないと悩んでいます。高校3年生のKさんもそんな高校生の一人でした。

「本当に！　もう何も思いつかないんです。どうしていいかわかりません」

「そうか、何も思いつかないんだね」

「どうやったら、やりたいことって見つかるんですか？　友達は、いろいろ行きたいところを決めていて、すごいなあと思うけど、自分はぜんぜんダメなんです」

「そうなんだね。『絶対、これをやりたい！』っていうものはないの？」

「ない！です」

「そう。じゃあ、『絶対、これだけはイヤ！』っていうものはある？」

「うーん、別に、それもないです。っていうか、わからないです」

「いいね！　それ、最高だね！」

「ええ～～～?!　最悪でしょう！」

「『わからない』っていうことは、“可能性は無限”っていうことだよね。やろうと思えば、どこにでも行ける。自分が何者になっていくのかわからない。可能性に満ちあふれているね」

「どういうことですか？」

「私が進路の相談にのっていて、どんなときに困るかって言うと、『私は絶対にこの仕事をやりたい！　この仕事以外はやりたくない！』ってはっきり決めている人との相談のときなんだよね」

　「え？　どうしてですか？　すごくはっきりしていて、いいじゃないですか。そんなふうに言えるなんてうらやましいです」

　「そうだね。はっきりしているからいいこともあるけれど、はっきりしすぎていると困ることもあるんだよ。例えば、やりたい仕事の求人がなかったとき、すごくショックだよ。それ以外はイヤと言われたら、もう行くところがなくなってしまう。仮にあったとしても、ものすごく選択肢が狭められてしまう。『わからない』ってことは、どんな選択も可能、選択の幅が広いっていうことだよ」

　「なるほど！」

　Ｋさんの表情が少し明るくなりました。これが、就職活動に対して無気力だったＫさんが、初めて前向きになった瞬間でした。

言葉かけ練習ポイント⑯

リフレーミング

　「わからない」ことをダメなこととととらえるのではなく、案外こういうメリットもあると伝えることで、視点が変わります。同じ事実、同じ状況であっても、とらえ方を変えることで、マイナスにもプラスにもなります。このようにとらえ方を変えてみることを「リフレーミング」と言います。子どもが否定的な気持ちになっているとき、違う角度から見てみるような言葉かけができると気分が変わります。

　「やりたいことがわからない」ことに対して、こちらも、「よくないこと」ととらえないで向き合いたいものです。「今はま

だ、わからない」も一つの答えなのです。

　リフレーミングの言葉かけは、他の場面でも、いろいろと応用できそうです。

・「緊張するっていうことは、向上心がある証拠」
・「後悔しているっていうことは、良心があるということ」
・「悔しいと感じるのは、自分に対してもっと期待を持っているということ」
・「落ち込んでいるのは、全力を尽くして取り組んだから」
・「優柔不断というより、慎重に考えられるということ」
・「悩みがあるのは、成長したいという思いがあるから」
・「先が見えないというのは、それだけサプライズを楽しめるということ」
・「怖いチャレンジほど、本当に実現したいこと」

本当はどうしたい？

　高校生たちの進路相談にのる体験を通して学んだことがたくさんありますが、その一つが、「『やりたいことがわからない』という言葉を真に受けてはいけない！」ということです。

　「やりたいことがわからないので、志望大学を決められない。だから、受験勉強に今一つやる気が持てない」と言うLさんと話をしていたときのことです。

　「いずれ就職するんだから、つぶしが効きそうなところがいいって親は言うんですよね」

　「つぶしが効くって、どういうこと？」

「まあ、どの業界にも行けるっていうか。そうすると、経済学部とかかな。あんまり好きじゃないけど」

「そう。何が好きなの？」

「いや、別に、特には……。それに、好きなことやっても、将来、稼げるわけじゃないですし……」

「将来、稼げる方向に進みたいの？」

「いや、そういうわけでもないんですけど、なんか、そのほうが親も先生も納得するし……」

「そうなんだ。親や先生が納得するのは経済学部ってこと？　で、Ｌさんは？　Ｌさん自身は本当はどうしたいの？」

「えっ、オレ？……」

「なんか、さっきから聴いていて感じたことがあるんだけど、言ってもいい？」

「はい！」

「親が、先生が、こう言っているから、これかなって言っているように聞こえるけど、自分は"本当は！"どうしたいの？」

「……ああ、本当は、……本当は、……って、ここで話してもしようがないことなんですけど、舞台芸術をやってみたいです」

「へえ！　舞台芸術!!　おもしろそうなことを考えてるね！」

「あの、前ちょっと演劇部とかにはいたんですけど、別に役者になりたいとかそういうんじゃなくて……。舞台を観に連れて行ってもらったときに、すっごい感動して、『あんなことできたらいいな！』って思ったんですけど、それを仕事にするのは難しいんじゃないかって思ってて、進路とは関係ないかなって。でも、そういうことできたら、本当はいいなって思うんですよ！」

「経済学部の話をしているときよりも、ずっと生き生きしている

ね。やりたいことがわからないって言ってたけど、やりたいことあるんじゃない？」

「いや、でも、それでは就職できないって親が……。あ、これも親の考えですけどね。……あの、実際、今、そういう仕事をしている人って、どういう人なんですか？　どうやってなったんだろう？　どんな勉強したらいいんですかね？」

「調べてみたら？　大学でも勉強できるところがあるよ！」

「本当ですか?!　そういう勉強なら大学行ってもいいかな」

このあとのLさんの自発性と行動力はすばらしかったです。自分で舞台芸術が学べる大学を調べ、親御さんを説得しました。私もまさかそんな展開になるとは予想もしていませんでした。「自分が本当にやりたいこと」を口にしたあとのLさんの受験勉強に対する姿勢は格段に変わり、最終的に、自分が希望する大学に進みました。自発性の力はすばらしいです。次は、Lさんの夢が叶ったという報告が待ち遠しいです。

言葉かけ練習ポイント⑰

本音に迫る質問

　本当はやりたいことがあっても、それを言えなくて、「わからない」と言ってごまかしている子どももいます。あるいは、「やりたいことがわからない」と自分に思い込ませて、本当にやりたいことのほうを見ないようにしていることもあります。

　「これをやりたい」と言って、「そんなの無理だよ」と言われたり、「現実的じゃない」と否定されたりすると、「本当にやりたいこと」を言ってはいけないんだという想いが刻み込まれます。本当はやりたいことがあるのに、それを脇に置いて、「わか

らない」と言ってしまいます。

　実際、本当に「やりたいこと」では身を立てられないのでしょうか。子どもの「わからない」を引き出しているのは、大人の狭い了見ではないかとときどき思うことがあります。時には、こちらも腹をくくって、子どもの本音に迫る質問をしてみてはいかがでしょうか？

　心しておきたいことは、どんな本音が出てきたとしても、決して否定せず、いったん受けとめ、その気持ちと真剣に向き合うことです。どんなに困難な選択と思えても、否定してしまったら、「わからない」の枠の中へまた追い込んでしまいます。

もっとこうだったらいいなと思うことは？

　M先生は小学校6年生の担任でした。子どもたちの自発的な行動を引き出すために、毎月、一人ひとり「今月の目標」を決めて、書いてもらうようにしていました。「今月、取り組みたいことは？」と問いかけますが、ずっとやっていると、しだいにマンネリ化してきて、「勉強をがんばる」と書いて終わる子どもや、もう書くことがわからないという子どもが出てきました。

　「やりたいことは何かないかな？　何でもいいんだよ」と促しますが、「わかりません」と言うばかり。この子だけ「目標なし」というわけにもいかないし、先生が決めて与えるのも意味がないし、「困ったなあ」とM先生は思っていました。

　そんな折に、M先生はコーチング講座にいらっしゃいました。そして、このとき、「質問のレパートリーを増やす」という言葉が、M

先生にはヒットしたようです。

「なるほど！　相手によって、ヒットする質問としない質問があるのか。質問を変えてみたらいいのか！」

さっそく、質問を変えて、子どもたちに聞いてみました。

「最近、もっとこうだったらいいなって思うことは何かありませんか？」

最初は、キョトンとしていた子どもたちでしたが、

「宿題がもっと少ないといいです！」

などと言い始めました。「あれ？　なんだか違う方向に行きそうだな」と思いながらも、M先生は伝えました。

「少ないといいなと思っているんだね。先生は、みんなだったらできると思って、宿題の内容を決めています。じゃあ、今の量で、もっと早くできるようになるためには、どうしたらいいかな？」

「家に帰ったら、すぐにやる！」

「いいね！　それを今月の目標にしてみたら？」

こんな調子で、子どもたちの目標がどんどん具体化されていきました。M先生は、今回の実践について、こう話してくれました。

「『やりたいこと』とか『目標』という言葉だけだと、浮かんでくるイメージが広がらないですね。やりたいことがないわけではないと思うので、それらを引き出すために、いろんな質問を持っておくといいなと思いました。今後は、『今月の目標』ではなくて『今月の質問』というお題で毎月、違う質問をしていこうと思っています」

言葉かけ練習ポイント⑱

目標を明確化する質問

質問を投げかけても、相手が「わからない」と言って黙って

しまうことは、よくあることです。こんなとき、「やっぱり、この子は何も考えていない。考えられない子どもなんだ」と思ってしまうと、非常にストレスです。「私のコーチング力が未熟だから、この子から考えを引き出せないんだ」と思っても、やはり、つらくてやっていられないです。

こういうとき、コーチはどう考えるかというと、「この質問が、今、この子にヒットしていないだけだ」と考えます。

「やりたいことは何？」という質問で引き出せない場合は、しばらく待ってから、違う質問を投げかけます。でも、「目標は何？」「将来の夢は？」と聞かれても、ピンとこない子どももいるでしょう。「もっとこうだったらいいなって思うことは何かある？」などの言葉に言い換えることで、発想が湧いてくる場合があります。

やりたいことや目標を明確化するための質問のレパートリーをいくつか持っておくことをおすすめします。

例えば、こんな質問はいかがでしょうか？

・「ワクワクすることって、どんなこと？」

・「今年よりももっと上手になりたいことは？」

・「3か月後は、どうなっていたい？」

・「どんなことができるようになりたい？」

・「今、ちょっと興味があることは？」

・「今、解決したいことは？」

・「やろうと思っているけれど、始められないことは？」

・「物とかお金以外で何でも手に入るとしたら何がいい？」

「将来、何になりたいの？」とか「やりたいことは何？」といった質問は、「やりたいこと」と「できること」は別、「夢」と「進路選択」は別と考えてしまう子どもには、なかなか答えづらい質問のようです。そこで、少し漠然とした質問かもしれませんが、「例えば、30歳になったときに、どんな大人になっていたい？」と聞いてみるのはどうでしょうか？

目先の進路を考えるよりも、もっと先の未来を思い描いてみるよう促します。どんな仕事をしているのかなどの具体的なイメージでなくてもいいのです。30歳のイメージが難しければ、もっとずっと先、「どんなおじいちゃん、おばあちゃんになっていたい？」でもいいです。空想、妄想の世界でかまいません。

「30歳のときに、どんな大人になっていたい？」

この質問を中学校2年生の生徒に投げかけてみた先生がいました。「子どもから尊敬されるような大人になっていたい」「かっこいい大人がいい」「好きな仕事をして、楽しく生きている」「幸せを感じられる人」「広い家に住んでいる人」「誰かの役に立つことをしている」などの発想が出ました。

このような漠然とした内容でいいのです。「こうなっていたらいいな」という方向に意識が向かうことで、まずは、未来に希望が感じられます。意識を向け続けることで、具体的な情報やアイディアが、自分のアンテナに引っかかりやすくなります。

この生徒たちは、30歳の自分をイメージしているうちに、そのためには「20代でこうしておいたほうがいいな」、そのためには「高校

ではこうしておいたほうがいいな」、だったら「今、もっとこうした
ほうがいいな」と、自分で考えられるようになったと言います。

　目先の受験や具体的な職業選択にばかり目を向けていると、たち
まち現実的になってしまいます。「こうだったらいいとは思うけど、
自分には無理」という気持ちが、つい湧いてきます。だから、「わか
らない」に逃げ込んでしまいます。

　あるお母さんが、高校１年生の息子さんに、「どんな大人になりた
いの？」の質問を試してみたそうです。

　「人に影響を与えることができる人」という答えがお子さんから
返ってきました。子どもがこんなことを考えていたなんて、お母さ
んには驚きでした。さらに質問で具体化していきました。

　「どんな形で影響を与えるの？」

　「自分の技術で」

　「どんな分野の？」

　「医療」

　「へぇ！　すごい！　そのためにはどうしたらいいの？」

　「医学部か医療分野の工学部に入る」

　「すごい！　人を助けるためのチケットを手に入れるんだね」

　お母さんは「息子とこんな対話ができるなんて！」と感激したそ
うですが、翌日、さらに、かつてないことが起きました。息子さん
が、「今日から、電車の中でも勉強することにした！」と言って登校
していったそうです。

言葉かけ練習ポイント⑲

遠くのゴールイメージを描く質問

目先のゴールや具体的な目標ではなく、遠くにあるゴールに

ついて質問してみます。はじめは、漠然としたイメージを描く程度でかまいません。自由に、思いつくままにイメージを話し合います。「毎日、笑顔でいられる生活」「ワクワク感がある人生」などでもいいです。

- ・「70歳になったとき、どんな毎日を送っていたい？」
- ・「60歳になったとき、どんな気持ちでいられたらいい？」
- ・「50歳になったとき、何ができていたらうれしい？」
- ・「40歳になったとき、どんな人って言われたい？」
- ・「30歳になったとき、子どもから、どんな大人だと思われたい？」

人にはベストタイミングがあるんだよ

私が子どもの頃には、「ビジネスコーチ」という職業はありませんでした。似たようなことをしていた大人はいたかもしれませんが、子どもの私には、まるで想像の及ばない世界でした。実際に、こういう仕事があると知ったのは、30歳を過ぎてからのことです。まさか、大人になった自分がこんな仕事をしているとは、10代の頃には想像すらできませんでした。今では、「こんなすばらしい仕事によく出会えたな！」と自分の選択をほめてやりたい気持ちです。「どうして、石川さんはコーチになったのですか？」とよく聞かれますが、そのたびに、気の利いた答えができないことをわびながら、「たまたまなんです」と答えています。

進路選択に悩む中学生・高校生に、私はよく自分の出身学科の話をします。

「私ね、インド・パキスタン語学科ヒンディ語専攻という学科を卒業したんだけどね、今、まったく関係ない仕事をしているよ」

「え〜？　ヒンディ語？　どうして、それを選んだんですか？」

「高校生の私は、単純に『なんかおもしろそう』って思ったの。それだけ。そんなもんだよ、10代の頃に考えることって。そのときの選択がどうであっても、今は、この仕事に出会えて本当によかったなと思える毎日を送っているよ。人にはベストタイミングがあるんだよ」

「ベストタイミング？」

「そう！　『やりたいことに出会える』タイミング。それは、人によってそれぞれ違っていていいんだよ。その人にとって、一番いいタイミングで出会えるから。私の友達で、幼稚園児のときに『幼稚園の先生になりたい！』と思って、大人になって、本当に幼稚園の先生になった人がいるんだけど、その人の進路選択のベストタイミングは幼稚園のときだったってこと。私の場合は、すっかり大人になってからだったっていうこと。友達よりはずっと遅いけど、私は会社に入って社会人経験を積んでから、この仕事に出会えて、すごくついていたなって今では思うよ」

「一生わからないままっていう人はいないんですか？」

「いるかもしれない。でも、目の前のことをいつでも一生懸命やっていたら、きっとそれが楽しくなる。それが、その人のタイミングじゃないかな。10代の今、わからないからって心配しなくていいし、『あ、間違ったかも』と思う選択をしたとしても、絶対にリベンジできる。無駄な体験は何もない」

「そんなもんかな？」という顔で聴いてくれていますが、「まあ、今、わからなくても大問題ではないんだな」と安心はしてくれます。

「わからない」自分を卑下し、将来に不安を覚えながら、大人にな

っていくより、「わからなくても大丈夫」という根拠のない確信を持って、「どんな可能性が自分にはあるんだろう？」とワクワクしながら生きていくほうがよほど健全だと私は思います。

言葉かけ練習ポイント⑳

安心感を与える

子どもが「わからない」と言ってしまうと、「せっかく質問したのに話が進まない」とがっかりしたり、「ほら、やっぱり何も考えていない」と苛立ったりしてしまいます。しかし、答えはすぐに出なくてもいい、「わからない」があっていいというスタンスを、こちらがとっていることはとても重要です。

適切な質問を投げかけ続けると、その場で答えが浮かばなくても、子どもはずっと答えを探しにいくようになります。ある日突然、「こうしたい！」「こうすればいいんだ！」と答えが浮かぶこともあります。

だからこそ、「なぜ、わからないの？」「そんなことじゃダメだよ」などの子どもを萎縮させるような言葉かけは避け、「わかるときにはわかるよ」と待ってみていただきたいのです。

子どもを脅し、将来への不安をあおるのではなく、安心感を与えることによって、自ら答えを探しにいくエネルギーは湧いてきます。子どもの「未来」に向かって、前向きな言葉かけを続けていくことは私たちの役割なのです。

失敗を恐れる子どもに かける言葉

　私も失敗するのが怖い子どもでした。「失敗したらどうしよう？　先生に叱られる。友達に対して恥ずかしい。傷つきたくない。落ち込みたくない」。結局、この気持ちを克服できないまま、大人になったわけですが、コーチングに出会ったことで、「失敗」に対するとらえ方がすっかり変わってしまいました。

　今は、あまり怖くありません。「とりあえず、やってみればいい」と思えるようになりました。ふりかえってみれば、客観的には「あれは失敗でしょう」と言われるようなことも多々あったとは思います。でも、もう自分自身は、そう思わないで生きられています。世の中に、「失敗」などというものは、本当は存在しないのかもしれないとすら思えるようになりました。これは、折々に、コーチからかけてもらった言葉の力のおかげです。

　ですから、まだ10代や10代にもならないうちから、失敗を恐れて「無理」「できない」「やりたくない」「怖い」と言う子どもたちを見ると、とてももったいないと思ってしまいます。「大丈夫だよ！　失敗なんかないんだよ」と言ってあげたくなります。でも、これも、私自身の体験を通して実感できた感覚であって、実際には、本人が自分の体験を通して実感するしかないことです。

　子どもたちにもぜひ、「失敗なんかないんだ」「怖くてもできるんだ」という感覚を体験してもらえたらと思います。

　どんな言葉だと、子どもたちは失敗への恐れを手放し、チャレンジできるのでしょうか。一緒に考えてみましょう。

言葉かけ練習帳

〈失敗を恐れる子どもにかける言葉〉を挙げてみましょう。

〈例〉成功と失敗があるわけじゃない。
成功と学んだことがあるだけ

例えば、こんな言葉かけはいかがでしょうか。

> 成功と失敗があるわけじゃない。成功と学んだことがあるだけ

これは、私がコーチの中のコーチと尊敬する白井一幸さん（元北海道日本ハムファイターズ・コーチ）がおっしゃっていた言葉です。

「私たちは、毎日、勝つために野球をしています。だから、もちろん、試合に勝つとうれしいです。負けると、とても悔しいです。でも、負けた試合こそ、実は、とても重要です。次の試合につながるヒントがたくさんあります。負けた試合は学びの宝庫です」

子どもたち向けの講演の中で、このお話をときどき拝借します。

「世の中には、成功したことと失敗したことがあるわけではありません。成功したことと学んだことがあるだけです」

この言葉が印象に残ったと、子どもたちは感想文に書いてくれます。まず大人が「失敗はいけないもの」「マイナスなもの」ととらえないことが、子どもが失敗を恐れなくなる第一歩だと感じます。

大学を目指している受験生とのコーチングで、大事な模試が終わったあとなどは、私は、この質問からコーチングを始めます。

「今回はどうだった？」

点数や順位などの表面的な結果だけを聞いて、こちらが「よかった」「悪かった」と判断をせず、あくまで、本人がどう感じているのかを聞きます。「よかった」と答えれば、「それはすばらしい！」と承認しながら、「どこがよかった？」「何がうまくいったと思う？」と、うまくいった要因を質問します。

「よくなかった。失敗した」という返答なら、「そう思っているんだね」と受けとめ、「どこが失敗だと思ったの？」「どうすればよか

ったと思う？」「次はどうしたらいいかな？」と、"体験を次に活かすための質問"を一つひとつ丁寧にしていきます。そして、どんな結果でも、「次につながるいい経験だったね」と承認します。

　日頃からこんな対話をしていると、本人も必要以上に結果を恐れなくなり、「ここが足りなかったので、次はこうしてみる！」と自分で考えて行動するようになっていきます。

　そんな姿を見ていると、単なる「成功」と「失敗」、つまり、「プラス」と「マイナス」があるわけではなく、「体験」と「次につながる学び」があるだけなんだ！と思わされます。

言葉かけ練習ポイント㉑

マイナスの出来事として扱わない

　コーチが「失敗」として扱わないと、相手も「失敗」を恐れず、次の行動を起こすようになっていきます。「失敗しないこと」に意識を向けさせるよりも、日々の体験から学びや成長を見出していけるようかかわっていくのがコーチの仕事です。

　よく、「受験に失敗した子どもにはどう接したらいいのか？」などと聞かれますが、「第1志望校に合格しなかったこと」は「失敗」なのでしょうか？　もっと長い目で見なければ、「失敗」だったかどうかは軽々に判断できるものではありません。

　大人が、「失敗したら大変なことになる」「失敗させたらかわいそうだ」というあり方でいることが、子どもたちの勇気を一番くじいているのではないでしょうか。たとえどんなことがあっても、その「体験」を次に活かして生きていける力を、子どもに育んでいきたいと思います。

今は、未成功の状態

　以前、就職カウンセリングにうかがった高校で、とてもいいお話を聴かせてもらいました。この高校では、先生たちのご努力で、就職内定率100％を達成してきましたが、昨年度、あと一人、どうしても最後まで内定がもらえない生徒Nさんがいました。5社目あたりから、さすがにNさんも弱気になってきました。「もういいです。フリーターでいいです」と、これ以上のチャレンジをあきらめると言い始めました。進路指導の先生が、親身に向き合いました。

　「ちょうど1件求人が出たから、もう1回受けてみようよ」

　「また落ちるのは、もうイヤです」

　「次は、受かるかもしれないよ」

　「もうダメです。どうせ落ちます」

　「そうかな、この会社は受かるかもしれないよ」

　「そんなことないです。失敗するのはもうイヤです」

　「失敗？　Nさんは失敗なんかしてないよ」

　「え？　失敗しかしてないじゃないですか？　私だけまだ、どこからも内定がもらえてないんですよ」

　「そう、まだもらえていないだけ。だから、まだ失敗じゃない。今は、未成功の状態なんだよ」

　「ミセイコウ？」

　「今はまだ成功に向かう途中にいるだけ。まだ成功していないだけ。ここであきらめてやめてしまうことが失敗なんじゃないのかな。成功するまで続けるから成功って言うんじゃないのかな」

　この言葉に背中を押され、Nさんは、「これが最後！」と思って、

チャレンジしました。その最後の会社から内定をもらい、Nさんは社会人となりました。

　この先生に出会っていなかったら、この子はどうなっていたのだろうと感じるお話を各所で聴かせてもらいますが、Nさんの例もその最たるものでした。この先生のこの言葉が、Nさんを再びチャレンジに向かわせたのだと思うと、誰と出会い、どんな言葉をかけてもらえるかで人生は変わるんだなと実感します。

言葉かけ練習ポイント㉒

成功する前提の言葉を使う

　普段はあまり使われない「未成功」という表現ですが、「成功」という言葉が入っていることに可能性が感じられます。「成功」することが前提で使われていることが伝わってくる言葉です。

　同様に、「不合格」ではなく「未合格」、「不正解」ではなく「未正解」、「不可能」ではなく「未可能」などと言い換えてみると、たちまち印象が変わってきませんか。「今はまだそこに到達していないだけ。でも、確実にそこに向かっている」というニュアンスが伝わってきます。

　私たちは、目先の結果を、「1」か「0」かで片づけがちです。「負けたら終わり」「できなかったら意味がない」と言われると、とてもつらいです。負けても、うまくできなくても、得ているものは必ずあります。成長していないことなどありません。

　今はまだ「1」ではないけれど「0.5」の状態、「0.8」の状態、確実に「1」に近づいている、必ず「1」に到達できる。

そう感じられると、チャレンジする気持ちは自ずと湧いてきます。

ナイストライ、ナイスミス

次は、アメリカのリトルリーグを視察に行って、すっかり自分の指導法が変わってしまった少年野球チームのコーチのお話です。

「向こうでは、コーチが子どもたちを、終始、ほめている様子に、度肝を抜かれました。よくあれだけ、ほめ言葉が出てくるなという印象です。盗塁失敗しても『ナイストライ！』（よくトライした！）ですからね。三振しても『グッドスウィング！』（よい振りだった！）ですよ。あれにはもうびっくりでした。

帰ってきてから、私も、子どもたちが一生懸命プレイした結果、やってしまったミスについては、もう叱らないことにしました。『何やってんだ？　しっかり走れ！』などと言うことで、逆に、子どもたちを萎縮させていたんだなと思いました。『失敗したら叱られる』と思うから、ここぞ！というときに、チャレンジしないことを選んでしまうのです。『ナイストライ』は真似させてもらっていますが、子どもたちが、のびのびプレイするようになってきましたよ！」

私も、以前、度肝を抜かれる"承認"に出会ったことがあります。中学校で授業を見学させてもらったときのことです。数学の授業で、問題の答え合わせをしている場面でした。生徒が手を挙げて、どんどん発言しています。非常に積極的です。私の経験上、中学校の数学の授業がこんなに活性化している光景には、出会ったことがありませんでした。

理由が、ほどなくしてわかりました。先生の受け応えが秀逸なのです。生徒が正解を答えると、

　「そう、すばらしい！　完璧な答えだね。よく理解できているね」
と、承認の言葉を惜しみなく贈ります。

　間違っている答えに対しては、真っ向から否定するようなことはしません。

　「なるほど！　それはどんなふうに考えたのかな？」
と、いったん受けとめ、解答の過程について質問します。生徒が答えたあとの先生の言葉に、私は思わず心を奪われました。

　「うーん、それはなかなかナイスなミスだ！」

　先生から笑顔でそう言われた本人も、周りの生徒たちも、なんだかうれしそうです。

　「すごくいいところまで考えられたと思うよ」とまた承認してから、「こうすると正解を導き出せるよ」と解説を加えられました。

　なんとすばらしい承認の言葉なんだ！　こんなふうに受けとってもらえるんだったら、「間違ってもいいから手を挙げてみよう！」と思えるだろうなと思いました。

　「ナイスミス」は、とても素敵な響きに聴こえました。

言葉かけ練習ポイント㉓

チャレンジへの承認

　失敗したときの大人の反応によって、子どもは失敗を恐れるようになっていきます。「それは間違っている！」「ダメだよ、そんなことじゃ！」と叱責されたり、悲観されたりすると、もう失敗したくないと思ってしまいます。「失敗しないように、次はがんばる！」となればいいのですが、多くの場合、「失敗した

くないからチャレンジしたくない」と思うようになります。

　たとえうまくいかなくても、果敢にチャレンジしたことへの承認があると、「失敗は決して悪いことではない」と思えるようになります。失敗が一つもないということはチャレンジしていないということ。チャレンジへの承認を増やしていきましょう。

まず、10回失敗してみよう！

　以前、聴講させていただいた大学での就職ガイダンスで、キャリアコンサルタントの先生が、学生にこんな問いかけをされました。

　「みんな、就職活動で何社くらい回ろうと思ってるの？……え?!　100社くらい?!……私が出会ってきた大学生で一番多く回った人は、1年間で407社です！」

　「えええ〜〜！！！」

　学生が一斉に驚きの声をあげました。私も思わず、学生と一緒に叫んでしまいました。

　「100社回って決めた1社と400社見てきて決めた1社、どっちが本当に行きたいと思う？　そもそも、400社もただで見せてもらえるなんて今の時期だけなんだよ！」

　非常に説得力ある言葉でした。「就職活動で何社も回るなんてイヤだな」と思っていた学生も、「ちょっとやってみてもいいかも」と思えたのでしょう。このあと、学生たちの顔はどんどん生き生きし始め、先生の講義にのめり込んでいきました。

　私も、就職活動に尻込みをする学生には、よくこんなことを言い

ます。

「まず、10社断られてこよう！」

　最初からうまくやろうなんて思わなくていいからと、まず動いてみることを促します。本人が恐れているほどには失敗しないはずなのですが、子どもの頃から、何でも「難しい」と思う癖がついている学生は、どうしても尻込みをしてしまいます。そして、力を発揮できないまま、「やっぱり、自分には無理だ」というセルフイメージを自分で強化していくのです。

　もちろん、限られた時間、限られたチャンスの中でのチャレンジであれば、「まず、10回失敗してみよう！」とはなかなか言えない場合もあるでしょう。「ここは外せない！」というチャレンジに備えて、日頃から、時間的に余裕のあることや、何度でもやり直しがきくことで、「失敗」体験を積んでおくことは、非常に大切な筋トレではないかと思います。

言葉かけ練習ポイント㉔

時には「失敗」をすすめる

　「失敗しないように」「失敗しちゃいけない」と委縮する気持ちが、よけいに行動を鈍らせます。本来持っているはずの力がのびのびと発揮されません。時には、「失敗してみよう！」と促してみませんか。

　「失敗しても許される」と思えば、気楽な気持ちでチャレンジできます。すると、逆に、うまくいったりするものなのです。

　失敗は、「マイナス」ではなく、「この方法ではうまくいかないということがわかった一つの発見、前進」です。失敗を恐れない子どもとは、実は、何度も失敗を経験している子ども、そ

こから、次への発見、前進につながることを知っている子ども
なのだと私は思います。

大丈夫、怖いだけだから

　この言葉は、私の師匠からもらった魔法の呪文の一つです。この
言葉を唱えながら、私も幾度となく「失敗したらどうしよう？」と
いう恐怖を乗り越えてきました。やったことがないことを初めてや
るときなどは、怖くて当たり前です。「怖い」ことは、決して悪いこ
とではありません。恐怖心をなくそうとしなくてもいいのです。こ
のことに気づくと、怖いまま行動できるようになります。

　コーチングを学んでいたP先生は、当時、小学校6年生の担任で
した。学習発表会で、ピアノ伴奏をすることになっていた女子児童
が、発表会間近になって急に、「できない」と言い始めました。P先
生は、この子と話をしてみることにしました。

　「何かあったの？」

　「この前の練習のとき、上手に弾けなくて、友達に『本番は大丈
夫？』って言われて、また失敗するかもって思ったら、急に怖くな
って、もうできないかもって……」

　「そうか、そんな気持ちだったんだね。確かに怖いよね、そういう
とき。先生も、初めて先生として、子どもたちの前に立つときは怖
かったな。他にはどんな気持ち？」

　「怖いけど、ちゃんと弾きたいです」

　「うん！　すばらしい。その気持ちは先生もうれしいよ。大丈夫、
怖いだけだから。怖いままやったらいいよ」

「え？」

「怖いのは当たり前だから。あなたなら、怖いままで弾けるよ！」

「え？　怖いままで弾く？」

「試してみてごらん」

少しやる気を取り戻した彼女は、当日、緊張はしたものの、なんとか伴奏を務めました。

「やってみてどうだった？」とP先生が聞くと、「怖かったけど、できました！」と笑顔で答えました。

「怖い」という感情を持ちながらも「行動」できたことは、この子にとって、大きな成功体験となったことでしょう。これからも、「怖いままやる」が、きっとできるはずです。

言葉かけ練習ポイント㉕

「感情」と「行動」を分別する

失敗を恐れる子どもの多くは、「怖い」と「できない」と思い込んでいるところがあります。実際はどうでしょうか？　怖くても、「やってみたい！」と思うことには、果敢にチャレンジしていると思いませんか。子どもは、「バンジージャンプをやってみたい」とか「大きな動物に触ってみたい」とか、よく言いますね。

「そうだよね。怖いよね。他にはどんな気持ちがある？」と丁寧に気持ちを受け取り、その上で、「怖くてもできた！」という経験を積ませてあげたいものです。「感情」と「行動」を分けられるようになると、いったん「感情」は脇において、「行動」を起こせるようになっていきます。

自信がない子どもの
背中を押す言葉

　日頃、私が子どもたちと直接対話をするのは、進路相談か、コーチング講座などの場面がほとんどですが、ときどき、かわいそうになるくらい悲観的な子どもと出会います。「志望校に受かるかどうか不安」「このままではどうせ無理」「自分にはできない」「自信がない」とかたくなに言い続けます。具体的に成績や状況などを聴いていくと、それほど悲観するものでもないのですが、「どうしてそこまで悲観的に考えるのだろう？」とこちらまで悲しくなってきます。

　以前、全校生徒対象の講演に招かれた高校で、「私は何に対しても自信がないのですが、どうしたら、自信はつきますか？」と質問してくれた生徒がいました。私はこうお伝えしました。

　「自信をつけようなんて思わなくても、今のあなたで十分すばらしいと思いますよ。本当に自信がない人は、全校生徒の前で、こうやって手を挙げて質問なんかできません」

　このように、それほどでもないのに、「自分は自信がない」と思い込んでいる子どももいます。この低いセルフイメージは、いったいいつどこで刻み込まれるのだろうかと思わず考えてしまいます。掘り起こせばあるはずの資源を見ようともしないで、「自分はダメだ」とあきらめてしまう姿勢に歯がゆさを覚えます。と言う私も、非常に自信がない子どもでした。今では、もう自信はあってもなくてもいいと思えるようになりましたが、これもコーチングのおかげです。

　さて、「自信がない」ことに思い悩む子どもたちには、どんな言葉かけが効果的なのでしょうか。考えてみましょう。

言葉かけ練習帳

〈自信がない子どもの背中を押す言葉〉を挙げてみましょう。

〈例〉がんばらなくてもできること、
それって才能

例えば、こんな言葉かけはいかがでしょうか。

がんばらなくてもできること、それって才能

　面接試験で自己ＰＲをしなければならないけれど、自分の長所がまったくわからず自信がないという高校３年生のＱさんが、「自分の良いところはどうしたら増やせますか？」と聞いてきました。

　「そうだね、増やせたらすばらしいよね。その前にまず、すでにＱさんの中にたくさんある良いところを思い出してみようよ」

　「いや、何もないですよ」

　「そう？　じゃあ、好きなことはどんなこと？」

　「え〜？……大したことじゃないですけど、好きな音楽を聴くことくらい。ジャズとか好きです。吹奏楽部でいろいろやっているうちに好きになりました」

　「へえ、それはすばらしい！　何の楽器をやっているの？」

　「アルトサックスを。いや、まあ、ちょっとですけど」

　「それも良いところの一つじゃないかな。誰でも楽器演奏ができるわけではないよ。ジャズが好きっていうのもいいね」

　「ジャズって、奥が深いんですよ。楽譜があるようでなくて。アドリブをどんどん入れていくところがおもしろくて、なかなかできないんですけどね。うまくできるとハマるというか……」

　「へえ！　そうなんだ。素敵だね。あの、ちょっと聞いてもいい？」

　「あ、はい！」

　「今、すごく努力して、私と話してる？」

　「え？……努力？」

「うん、すごーくがんばって、上手に話さなくちゃと思って、気を配りながら話してる？」

「いや、ぜんぜん」

「それ、Ｑさんの良いところだよ。がんばらなくてもできること、それって才能だよ。今、すごく上手に、初対面の私と対話ができているよね。すばらしいコミュニケーション力だよ」

「え？　こんなのが？」

このあとＱさんは、部室の掃除を１年生だけがやるという部のやり方に疑問を持ち、全員で掃除する提案をした話や、上達しなくて悩んでいた後輩の指導を特別にしてあげた話、そのとき指導するおもしろさを知った話などをしてくれました。資源の宝庫から、もともとあった資源がどんどん溢れ出てきたような時間でした。面接試験の自己ＰＲとしては十分すぎる内容でした。Ｑさんの中には引き出せていないものが、まだたくさん眠っているように見えました。

最後に「私、意外とイケてたんだってわかりました」とニコッとして帰っていきました。「その笑顔もすばらしい！」と伝えました。

言葉かけ練習ポイント㉖

「強み」を伝える

人よりもずば抜けて秀でていることがないと、「これが私の長所、良いところ」と言ってはいけないと、子どもの大半が思っているように感じます。できていないこと、足りないところを指摘して、「もっとこうしなさい」というようなことは、コーチングではあまり扱いません。それよりも、強みに着目して、「それはあなたの強みだよ」と折々に伝えます。そのほうが子どもは自ずと前向きになれます。そのためには、日頃から、肯定

的な視点で、子どもを観察することが必要です。

　子どもが話している様子を観察するだけでも、たくさんの強みを見出すことができます。「相手の目を見て話すことができるね」「自分の言葉で話せるね」「聞き取りやすい声だね」「気持ちが伝わる話し方ができるね」「姿勢がいいね」など、伝えてあげたいことがたくさんあります。話の中身にも、多くの資源が潜んでいます。「全体を見ることができるんだね」「正義感があるんだね」「面倒見がいいんだね」など、本人にもぜひ自覚してもらいたい強みを見出し、伝えていってください。

「自信がない」があってもいい

　次は、コーチングを学び続けて10年になるＲさんの事例です。あるとき、中学生の娘さんの友達Ｓちゃんが遊びに来ました。Ｓちゃんは、何事にも引っ込み思案で、日頃から悩みが多いタイプのようです。「うちのお母さんと話してみたらいいよ！」と、娘さんが家に連れてきました。「あの、私、何をやるにも自信が持てないんです」と、Ｓちゃんは遠慮がちにＲさんに話し始めました。

　「どうなりたいの？」と、Ｒさんは質問しました。

　「もっと自信を持てるようになりたいです」

　「そう。自信を持てたらどうなるの？」

　「何でもできるようになるかなって思うんです」

　「本当に？」

　「はい。いつも、母から『もっと自信を持って！』と言われていて、わかってはいるんですけど、どうしてもできないんです」

「今まで自信がなかったけど、『やってみたらできた！』っていうこと、何かある？」

「え？……別に何も」

「うちの子から聴いたんだけど、Ｓちゃんは読書感想文のコンクールで優勝したことがあるんだってね。すごいね！　あのときは、自信満々で書いたの？」

「いえ、ぜんぜん！　まったくなかったです」

「そうなんだ！　じゃあ、自信がなくてもできていることが他にもあるんじゃないかな？」

「え？　自信はなくてもいいんですか？」

「自信があってもなくても、やってきたことがいっぱいあるでしょう？」

「そうか！　自信がないとダメなんだって思ってました」

言葉かけ練習ポイント㉗

「許可」を出す

　Ｓちゃんのように「自信を持って！」と言われ続けた子どもは、「自信がないといけない」という価値観に縛られるようになってしまいます。「自信を持って！」と言われれば言われるほど、動けなくなってしまいます。もちろん、「自信がある」ことで、より前向きに行動できる子どももいるでしょう。でも、「自信がない」「自信がないままやる」があってもいいのです。

　「自信を持たなくてはならない」という気持ちを手放し、「自信はなくてもいい」と自分に「許可」を出せると、子どもの気持ちは軽くなり、より行動を起こしやすくなります。

「自信」はやる前にはない

　Ｒさんのコーチングはさらに続きます。

　「ねえ、Ｓちゃん、今、絶対に自信があることってどんなこと？」

　「え？　ないです。ぜんぜんない。ないことばっかりです」

　「本当にそう？　ないことのほうばかり見てるってことない？例えば、今日、迷子にならずに、おうちに帰れる自信ある？」

　「そんなのはありますよ！」

　「絶対に？」

　「はい、絶対！」

　「すごい！　その自信はどこから来るの？」

　「だって、毎日、帰ってるところだし。そんなことに自信があるとかないとか、あんまり考えないです」

　「だよね。やったことがあること、いつもやっていることは、自信があるとかないとか考えないでやってるよね。でも、もっと小さかった頃、初めて『一人で帰っておいで』って言われたときには、ちょっと怖いって思ったかもしれないよ。自信は何かをやる前には、決してないものだと思うよ。やったあとにしか感じられないんじゃないかな」

　「なるほど〜！　最初に『怖い』と思うのは、普通なんですね。ありがとうございます！　うちのお母さんにも、この話をしてあげよう！」

　Ｒさんのような対話をしてくれる大人がそばにいるだけで、「自信がない」気持ちを受けとめ、挑戦できる子どもがもっと増えていくのではないかと思う事例でした。

「成功体験」を引き出す

　どんなささやかなことでも「できた！」体験を思い出すと、自分への確信が持てます。「怖かったけど乗り越えた」「緊張したけどチャレンジした」「自信はなかったけどうまくいった」ことは、すべて「成功体験」です。できてしまうと、「そんなのもう当たり前」と思ってしまい、覚えていないかもしれませんが、どんなことにも初めの一歩はあったはずです。それらの「成功体験」は大きな資源です。

　放っておくと、ついつい、「できなかったこと」のほうに目が向き、記憶に残ってしまいます。「できたこと」にも意識を向けてみたら、意外とあるものです。日頃から「できたこと」「成功体験」のほうを数える習慣を持ちませんか。

あなたにできないことはやってこない

　思いがけず、自信がない役割が回ってきて、尻込みをしてしまう子どももいます。

　中学校３年生で陸上部部長だったＴさんは、陸上競技の地区大会で、選手宣誓をやることになりました。もともと人前で話すことが大の苦手だったＴさんは、自分がやると決まった瞬間、すっかり落ち込み、「もう大会にも出ない」とまで言い出す始末でした。プレッシャーで、練習にも身が入らなくなりました。

　顧問の先生が、丹念に気持ちを聴き、向き合いました。このよう

な場合は、説得するよりもまず十分に気持ちを受けとめることが先です。

「なんで、自分なんですか？　無理ですよ！　自信ないです」

「自信ないって思ってるんだね」

「絶対、緊張しそうで、不安です」

「不安な気持ちもあるんだね」

「はあ、もう、どうしていいか……」

「そうだね、初めてだからそう思うよね」

「でも、……やるしかないんですよね」

気持ちを受けとめていると、しだいに現実を受け入れるようになります。

「そうだね。Ｔさんならできると思うよ」

「いや、でも……自信はないです」

「うん。そうだね。選手宣誓は、毎年、いろんな学校が持ち回りでやるんだけど、今年、うちに回ってきて、部長のＴさんがやることになった。巡り合わせで、たまたま回ってきた機会だけど、きっと、Ｔさんにできることだから回ってきたんだと思うよ。あなたにできないことは回ってこないよ。できる準備ができている人のところに、こういう話はやってくるものなんだ」

「はあ……」

腑に落ちない表情でしたが、このあと、Ｔさんは腹をくくったようでした。競技の練習と同じくらい選手宣誓の練習もしました。当日は、緊張感は伝わってくるものの、立派に役割を果たしました。

この体験があってから、Ｔさんには、何か吹っ切れるものがあったようです。以前よりも、人前で堂々と話せるようになりました。より明るくなったようにも感じられます。この体験は、Ｔさんにと

って、本当に良い体験になったんだなと先生は思いました。

言葉かけ練習ポイント㉙

「力はすでにある」という前提で話す

　日頃、こちらが、相手をどんな存在として見ているかは、つい、言葉に現れてしまいます。例えば、「自信がないけどやってみます」と子どもが言ったとしましょう。こちらが内心、「きっと、この子の力では無理だろうな」などと見ていると、どうしても心配になります。「自信がないってどういうこと？　もっと自信が持てるように準備しないとダメでしょう」などという言葉が出てしまいます。一方、「この子にはできる力がある」と見ていたら、「うん。『自信がなくてもやる』ってよく言えたね。決断できる勇気があれば、大丈夫！　応援しているよ」といった言葉が自然と出てくるのではないでしょうか。

　たとえ子ども自身が自分の力を信じられなくても、こちらが、「できる力はすでにある」という前提で接し続けることで、子どもも自分が本来持っている力を信じられるようになります。

「ある」ものを言ってみたらどうかな？

　以前、高校３年生のＵさんとのコーチングの中で、Ｕさんがこんなことを話してくれました。

　「私は、『自分はできる』と思ったことなんか一度もないです。だから、大学も受かる気がしないです。自信もまったくないし……。

ほめられたことなんかないです。テストで95点とっても、『どうして、あと5点取れなかったの？』と、小さい頃から親に言われてきました」

　つらそうに話す姿を見ていると、こちらも、いたたまれない気持ちになります。95点分もできたところがあるのに、できなかった5点について言われたことを、Uさんはずっと忘れていないのです。親御さんは、Uさんに「満点をとる力があるのにもったいない」という期待を込めておっしゃった言葉かもしれません。しかし、この言葉がずっとUさんを苦しめ、自己否定感を増幅させてきたのだとしたら、お互いにとって不幸なことだと感じます。

　私は、しばらく、Uさんの苦しい気持ちを受けとめながら聴きました。最後にこう伝えました。

　「Uさんのお話を聴いていて思ったんだけど、1分くらいの間に『ない』っていう言葉を5回くらい言ってたね。『できるって思ったことがない』『受かる気がしない』『自信がない』『ほめられたことがない』、だから、自分には『できない』って」

　Uさんは、ハッとしたように顔を上げて、私の顔をじっと見つめ返しました。私は続けてこう伝えました。

　「『ある』ものを言ってみたらどうかな。今日、時間どおり、ここに来た時間管理能力がある。断ることもできたのに、ここに来た行動力がある。自分の気持ちを正直に人に伝える勇気がある。わかりやすく伝える表現力がある。将来のことをこうして考える機会がある、とか。Uさんには、たくさんのものが『ある』よ。『ない』ばっかり言うのはもったいないよ！」

　Uさんは、しばらく何事かをじっと考えていましたが、最初よりは明るい表情で、「まず、『ある』のつく言葉に変えてみますね！」

と言って帰っていきました。

「ある」がつく言葉に言い換える

「ここがあなたの短所だから、改善していきましょう」「他の科目に比べて国語が低いから、もっとがんばりましょう」のように、基本的に、ティーチング（教示、指導）のスタンスは、「あなたにはまだ足りないものがあるので、足していきましょう」です。心から相手の可能性を信じ、成長を願って、ティーチングしたとしても、「あなたは不完全である」がどうしても前提にあるように感じます。

ですから、ティーチングのアプローチだけでは、子どもたちは、「私はできる！」とはなかなか思えないのです。

コーチングは、基本的に「ある」が前提です。「この子はもともとやる気があるはずだ」「あなたには無限の可能性がある」としてかかわります。この子の中に「ある」ものに焦点を当てます。「ない」ものをいくら言っても力づけられません。「ある」ものを自覚し、強化するほうが、よほどエネルギッシュになれます。

子どもの中の「ある」ものに焦点を当て、「ない」のつく言葉を「ある」に変えていくと、お互いにエネルギーが湧いてくるのをきっと感じられることでしょう。

行き詰まっている子どもに
かける言葉

　大人の目線から見ると、「そんなことくらいで、どうしてそこまで？」と思うようなことで悩んでいる子どもたちがいます。少し時間を置いてふりかえってみれば「何でもないこと」と思えたとしても、今を生きている子どもたちにとっては、深刻な重大事と感じてしまうようです。自分なりにいっぱいいっぱいなのです。

　私は、大学に入学してすぐに、「これで人生が終わった」と感じる出来事に遭遇しました。と言っても、今、ふりかえってみると、まったく大したことではありません。新しい環境に馴染めず、１年生で留年しました。そのときは「人生最大の汚点」だと悲観し、しばらく引きこもり気味になったくらいです。

　このとき、親、恩師、友人など、さまざまな人からさまざまな言葉をかけられましたが、どれもこれも腹立たしいものばかりで、本当に行き詰まっているときというのは、外側からの言葉かけなど、まったく逆効果だったように思います。ですから、思い悩んでいる子どもには、正論や安易な励ましを伝える前に、まず、じっくりと気持ちを受けとめることが大前提だと思っています。

　その上で、少し目線が変わるような言葉をかけられたら、それで十分ではないかと思います。そう感じる体験が幾度となくありました。子どもたちは、弱いようにも見えますが、案外、強いです。本来、自分で立ち上がる力を持っているものです。

　さて、悩みを抱えて、行き詰まりを感じている子どもには、どんな言葉をかけますか。一緒に考えてみましょう。

言葉かけ練習帳

〈行き詰まっている子どもにかける言葉〉を挙げてみましょう。

〈例〉順調に成長している証拠だね

例えば、こんな言葉かけはいかがでしょうか。

順調に成長している証拠だね

「相談があるんですけど……」と、子ども対象のコミュニケーション講座の折に、小学校4年生の女の子が声をかけてきました。

「家にいるときの自分と、友達といるときの自分とが違うので、悩んでいます。友達といるときの自分は、本当の自分じゃない気がする。言いたいことが言えない。嫌われるんじゃないかと思って」

そんな話でした。「小学生で、もうこんな悩みを持つのか」といささか感心しながら耳を傾けていました。まずは、いつものように、質問をしながら話を聴いていきました。

「友達といるとき、もっとこんなふうにできたらいいなって思うことはない？」

「自分の気持ちを友達にもちゃんと言えたらいい」

「いいね！　どんなふうに伝える？」

「わかんない……」

このあと、彼女は黙ってしまいました。どうしようかなと思いながら、私は率直に感じたことをそのまま伝えていました。

「順調に成長している証拠だね」

「えっ？……」

彼女が顔を上げました。

「『自分とは何だろう？』という視点を持って悩むことは、小さな子どもにはできないことだよ。今、自分について、自分と他者とのかかわり方について真剣に考えているその姿勢は、着々と大人へと成長しているってことだと思うよ。私はとても感心したよ」

「そうなんですか？」

彼女は、少しほっとしたような顔をしました。

「自分と友達のことで悩むことは、決して悪いことじゃないよ。それによって、また成長していけるから。一つ提案があるんだけど、伝えてもいい？」

と言って、私は「Ⅰメッセージ」（「私」を主語にして自分の気持ちを伝える言い方）を使って、友達に自分の気持ちを伝えてみる方法をアドバイスしました。彼女は、「やってみます」と言ってくれました。

1か月後の講座で再会したときに聞いてみました。

「この前、言ってたこと、やってみた？　どうだった？」

「はい！　いい感じ！　また成長しました！」

確かに、彼女の素直な笑顔からは、さらなる成長を感じとることができました。

言葉かけ練習ポイント ㉛

「必要な過程」と伝える

これも、前述した「リフレーミング」の事例の一つですが、「悩んでいること」は決して悪いことではなく、「成長の証」だと伝えることで、子どもの中にある深刻さを軽減します。「必要な過程」なのだという視点が持てると、つらいながらも、向き合ってみようと思えます。

このような場合、悩んでいる子どもに対して、「大丈夫！　大丈夫！　気にしすぎだって」「嫌われないように、仲良くすればいいんじゃないの？」などの安易な励ましは、あまり効果的とは言えません。

気持ちを受けとめた上で、「悪いことではない」「むしろ、必要なことなんだ」と認める言葉かけをすることで響くように思います。

らしくないね

　私の周りには、自分のやりたいことで成功している大人がたくさんいます。どの人も人間的に非常に魅力があり、常に前向きです。だからと言って、すべてが順風満帆かというと、そういうわけでもなく、よくよく聴いてみると、人生の荒波をいろいろと乗り越えてきて今に至るという人もいます。それなりに悩みや苦労を体験しています。

　しかし、本人にはあまり「苦労」という認識はなく、むしろ、逆境も楽しんできたようにも見えます。こういう人たちの親御さんが、我が子にどんな言葉をかけてきたのかを聴いてみると、とてもおもしろいです。

　なかでも、起業家Ｖさんのお母さんはなかなかユニークな人です。テストで赤点が続き、そろそろ真剣に怒られるのかと思ったら、「なんかおかしい」と怪訝な顔をされたというのです。

　「らしくないね。この点数は何かの間違いじゃないの？　あなたがこんな点をとるなんて！　そんなはずはない。あなたはもっとできる子なのに、あなたらしくない！」と、お母さんはまじめな顔でおっしゃったそうです。その真剣な様子に、「今回は手を抜いてしまった。次はがんばろう！　確かに、自分はこんなもんじゃない」と思ったそうです。

その後、逆境に陥るたびに、この言葉を思い出しては唱えてきたとVさんは言います。「らしくない。何かおかしい。これは本来の私の姿ではない」。そう思って乗り越えてきたそうです。

似たようなお話を、陸上部顧問の先生からうかがったことがあります。スランプ気味で、記録が伸び悩んでいる子どもに、

「今、ちょっと『君らしくない時期』に入っているようだね」

と言うそうです。「本来のあなたはそんなものではない。もっと結果を出せるのが本来のあなたの姿だ。今は、少し本来の姿から離れている状態」という意味で伝えます。「今だけのことだから、そのうち必ず脱するはずだ」というニュアンスが伝わるのもいいですね。

言葉かけ練習ポイント 32

プラスのセルフイメージのすり込み

行き詰まっている子どもに対しても、「本来のこの子はきっと解決できる力を持っているはずだ」という前提で向かい合うことが効果的です。これは、これまでのところでもお伝えしてきたとおりです。

こちらが子どもに対してプラスのイメージを持ち、「もう当然、それは疑う余地もないことだ」といった口調で繰り返し伝えていくことで、子どもには、そのプラスイメージが刷り込まれます。嫌味として伝わらないように、心底、「できるはずなのに、どうしたのかな？」という気持ちで伝えることがポイントです。

こうして、培われたプラスのセルフイメージは、この子にとって、一生の財産となります。

それ以外は全部ＯＫ！

　「何もかもがもうイヤなんです」と、投げやりに話す中学校２年生のＷさん。最近は、何に対してもやる気が湧かず、学校に行くのも気が重そうです。何があったのでしょうか？　心配したお母さんからの依頼で、私が話を聴いてみることになりました。

　「何がイヤなの？」

　「全部」

　「そうなんだ。特に、一番イヤだなって思っていることは何？」

　「うーん、何だろう？　勉強する気になれないし……」

　「そうか、他には？」

　「部活、きついし……」

　「うん、他には？」

　「友達とうまくいってなくて、口聞いてなくて……」

　「そうなんだ。あと、何かイヤなことある？」

　「テスト近いけど、勉強なんかしたくない気持ち」

　「そうだね。勉強のことは最初に言ってたね」

　「そう、友達とけんかしてて……」

　「そう言ってたね。他には？」

　「……そんなもんかも」

　「そうなんだ！　何もかもって言ってたから、もっとあるのかなと思ったんだけど、勉強、部活、友達、って感じ？」

　「そうかな……」

　「それ以外は全部ＯＫ？」

　「うーん、いろいろあった気がするけど、考えてみたら、友達と仲

直りしたいが一番かも。そこが解決できたら、たぶんテスト勉強も
やる気になるかなって思うし、部活がきついのは、別にいつものこ
とだし……。そうですね！　よく考えたら、そうかも！　それ以外
はＯＫ！　なんかもう全部ダメだっていう気分になってました」

「友達と仲直りする方法だったら、私もアドバイスできると思う
ので、一緒に考えようか！」

「はい！」

Ｗさんの声と表情に、明るさが戻ってきました。

言葉かけ練習ポイント㉝

課題を整理する

　何か気がかりなことが一つあるだけで、すべてがうまくいっ
ていないように思えて投げやりになったり、未来に絶望を感じ
たりする子どもがいます。冷静に課題を整理してみたら、「何も
かもすべて」という状況はほとんどなく、何か本人にとって大
きな気がかりとなっている課題が一つ二つあるにすぎないこと
が大半です。

　ゆっくり質問をしながら、課題を整理し、「何もかもが課題で
はないよね」ということがわかるだけで、子どもの気持ちは軽
くなります。

　しかし、子ども自身が、「そうだな、それ以外は深刻な課題じ
ゃないな」と感じることが大切で、課題の整理ができていない
うちに、こちらが「全部ＯＫ！　問題なし！」と決めつけてし
まうのは、かえって逆効果です。

その体験に意味があるとしたら？

　全国大会出場に向けてがんばっていた卓球部のＸさん、練習中にケガをしてしまい、しばらく練習ができなくなってしまいました。高校生活最後の試合には、出場することすら絶望的な状況です。

　「どうしてこんなケガをしてしまったのだろう？　あのとき、もっと気をつけていたら、こんなことにならなかったのに」「どうして、今の時期なんだろう？　最後の試合に出られないんだったら、今までやってきた意味がない」

　Ｘさんは、後悔と自責の念で、ひどく落ち込んでいました。

　そのとき担任の先生がかけた言葉が、

　「その体験に意味があるとしたら何だと思う？」

でした。

　「意味？　意味なんかないですよ。最悪です」

　Ｘさんは、最初は、投げやりにそう答えました。

　「ケガをしてしまったことはとても残念なことだよ。でも、Ｘさんの人生にとって、意味がないことは起きていないと先生は思うんだ。どんな体験であっても、体験はとても貴重な学びの機会だと思う。Ｘさんが、この体験を今この時期にしている意味って何だろう？」

　「……わからないです」

　「そうか、今はわからなくてもいいよ。きっと何か意味があるはずだから、必ずそれがわかるときが来るよ。私は、教員になってもう10年くらい経つけど、最初、採用試験にぜんぜん受からなくてね、すごく落ち込んだんだ。『どうして、もっと勉強しておかなかったん

だろう？』とか『自分はいつになったら先生になれるんだろう？』とか、いろいろ考えてつらかった。でも、あの体験は、自分にはすごく意味があったなと今では思うよ。あの時期に、どうして教員になりたいのか、どんな教員になりたいのかをすごく考えた。すぐに合格していたら、そんなことを深く考えないで教員になっていたかもしれない。勉強の仕方もあらためて学んだし、不合格になった人の気持ちがわかるようになった。これから採用試験を受ける人に対して、受験の心構えを伝えられる。何より、この時期に相談にのってくださった先生は、今でも良い相談相手として心の支えになってくださっている。一発で合格していたら、ここまで教員を続けられていたかなと今では思うよ」

「はぁ……」

Xさんは、今一つピンとこない様子でしたが、「この体験を今この時期にしている意味って何だろう？」という問いは、ずっと頭の中に残ったようです。

「先生、この前、左手のピアニストのことをテレビで見て、すっごく感動しました。病気で右手が動かなくなったけど、左手だけでコンサートをしている人です。私は、足をケガしていてもできる卓球を編み出そうかなって思いました。そしたら、ちょっとおもしろくなってきました。『意味』ってこういうことですか？」

「ああ、そうだね。そういう発想ができるってすばらしいね！　まあ、Xさんのケガはそのうち治るから、くれぐれも無理のない範囲でお願いね」

すぐにでも、卓球を再開しそうな勢いのXさんの姿を見て、先生はうれしいような危なっかしいような気持ちになりました。

体験から得たものに着目する

起きてしまったこと、置かれた状況を嘆いていても、建設的ではありませんし、幸せではありません。「幸せに生きる力」とは、どんな体験、状況からも、その意味と価値を見出せる力ではないでしょうか。

これは、子どもたちに限らず、私たち大人にも必要な力です。何かと課題が多く、悩まされることが多い子どもを前にして、「今、私がこの子とかかわっている意味は何だろう？」と自分に問える大人でありたいものです。

今、答えが出なくても大丈夫です。問いかけることで、意味と価値を見出す力は確実に養われます。そして、いつか必ず、答えがわかります。

質問のバリエーションを挙げておきます。

・「その体験から、何を学んだ？」

・「その体験は、次のどんな場面で活かせると思う？」

・「その体験は、どんな人の役に立つだろう？」

・「その体験で、自分が成長したことは何？」

・「その体験で、良かったと思うことはどんなこと？」

　高校3年生のYさんには夢がありました。「大学の歯学部に行って歯科医になる」と、小学生の頃から決めていました。以前から通っている歯科医院の先生と話をするうちに、「とてもかっこいい仕事だ！」と思うようになったそうです。

　いよいよ大学受験が目前に迫り、受験勉強はしていますが、志望校に受かるか受からないかのギリギリのところで、いつも不安でした。もともと悲観的な性格で、模試の結果によって、気分がアップダウンします。

　模試の結果は、その時々の状態が反映される一過性のものであって、それで本番の合否を判断するものではないと思うのですが、模試の結果が出るたびに、Yさんは一喜一憂しました。結果が思いのほか悪いと、「もう歯学部はあきらめたほうがいいかもしれない」とまで言っていました。

　そんな中、試験まであと1か月というところで、インフルエンザにかかってしまいました。Yさんの動揺は非常に大きく、「もう浪人確定だ！」と言い始めました。私などから見れば、「試験当日でなくてよかったじゃない！　ラッキーだよ！」と思うのですが、ショックを受けているYさんにはそうは思えないのです。

　熱が落ち着いてから、電話で話しました。

　「大変だったね。十分休養したら、いよいよこれからラストスパートだね！」

　「もう無理です。今の時期に、こんなに寝込んでるなんて、もうダメです」

「そう、そんな気持ちで寝込んでたら、よけいにつらかったね。まだ、あと1か月あるよ」

「1か月前にこんなことになって、うまくいくはずがありません。もう絶対に受からないです」

どうして、ここまでかたくなに否定的に考えられるのかと感心するほどですが、Yさんにとっては、深刻な状況だったのです。

「そうだね。そんなところから、大逆転できたら、すごいよね！このアクシデントをあとで美談にしよう！」

「え？　美談⁈」

「そう！　サクセスストーリーには、アクシデントがないとおもしろくないよ。最初から予定どおり全部うまくいく場面ばかりの映画っておもしろいかな？　絶対に勝つとわかっていて、ピンチが一つもない試合って楽しいかな？　今のこの状況を、あとで美談にしよう！」

「ちょっと、意味がわかりません」

「入試1か月前に、体調壊して寝込んでしまって、『あのときはどうなるかなぁと思ったけど、なんとか乗り越えて合格できました！』っていうほうが感動的だと思うよ。多くの人を勇気づけられるよ。ほら、ケガを乗り越えて、オリンピックに出場して金メダルをとったとか。本人はケガをしてつらかったと思うけど、その分、感動もより大きいよね。美談がないとつまらないよ」

「美談って、そういうことなんですね。『こんな状態でも、こんな私でも合格できた！』ってみんなに言えたらうれしいかも！」

Yさんは、ようやく平常心を取り戻しました。もちろん、歯学部に合格し、夢への一歩をさらに進めています。これからも、夢に向かう道程には、このときの状況とは比べものにならないくらいのピ

ンチに遭遇することもあるでしょう。そんなときに、「これをあとで美談にする」という気持ちを思い出してもらえたらうれしいと思います。

言葉かけ練習ポイント ㉟

プラスの物語に変える提案をする

　逆境や失敗に遭遇すると、もう可能性はゼロに等しいと絶望的に考えてしまうことがあります。冷静に考えると、まだまだ逆転のチャンスはあるものですが、気持ちが「もうダメだ」となってしまうと、力があっても発揮されません。言葉は悪いですが、「自滅」です。やれる力があるのに、自分でその力を封じてしまう。そのような子どもを見ると、本当にもったいないと感じます。

　少し長い目で今の状況をとらえ、これから続くサクセスストーリーの一部という見方ができたら、勇気が湧いてきます。この窮地をぜひ乗り越えたいという気持ちになります。他にも、いくつかプラスの物語に変える提案の言葉を挙げておきます。

・「これから伝説をつくろう！」

・「ミラクルを引き起こそう！」

・「サプライズを演出しよう！」

・「マジックと言わせよう！」

・「ここから大どんでん返しを始めよう！」

・「ここからがリベンジだよ！」

第3章

"未来に向けて"　子どもを力づける言葉

子どもが自分の存在価値を感じる言葉

すでに、よく取り上げられていることですが、日本の子どもたちの自己肯定感は、諸外国に比べて、非常に低いというデータがあります。「私は価値ある人間だと思う」と答える高校生が、アメリカ、中国、韓国では8割を超えているのに対して、日本の高校生は4割程度です（独立行政法人国立青少年教育振興機構「高校生の心と体の健康に関する意識調査—日本・米国・中国・韓国の比較」2017年）。

実際に、私自身も中学生や高校生と接していて、自分に自信がなかったり、自分の強みを自覚できていなかったりする子どもが非常に多いと感じています。極端に自己肯定感が低い子どもは、「自分には生きている価値がない」とまで言います。一人の人として生まれてきて、「生きている価値がない」子どもなど誰一人いないのに、どうしてそこまで思ってしまうのかと、とてもせつなくなります。

そんな子どもたちと向かい合いながら、時折、子どもたちが見せてくれる希望や成長に触れたとき、私は逆に、自分の存在価値を強く感じさせてもらいます。「あなたの仕事は尊い」「あなたには生きている価値があるんだよ」と子どもたちから言われているように感じるのです。そして、子どもに対して「あなたは、私をこんなにも力づける存在だ。出会ってくれてありがとう」と心から思います。

「自分の存在には価値がある」と、この世に生まれてきたすべての子どもたちに感じてもらいたいです。どんな言葉かけによって、子どもは存在価値を感じるのでしょうか。考えてみましょう。

〈子どもが自分の存在価値を感じる言葉〉を挙げてみましょう。

〈例〉あなたのがんばりに
私は励まされたよ

例えば、こんな言葉かけはいかがでしょうか。

> ## あなたのがんばりに、私は励まされたよ

「学校に行きたくない」と言う高校3年生のZさんの相談にのっているときに、Zさんが話してくれたことです。

「親に話しても、わかってもらえないんです。学校に行きたくないって言っても、『そんなことでどうする。卒業までもう少しだからがんばれ』って言われるだけで、自分の気持ちは聴いてもらえないし……。成績が上がるとちょっと機嫌がいいけど、下がると『お前ががんばらなかったからだ』と言われて、家にもいづらいです。学校に行かないとダメ人間っていうか、テストでいい点をとらないと自分は生きている価値がないって、親は思っているみたい……」

私は非常に胸が痛みました。親の悪口を言いながら、どこかで、「成績ですべてを決めるのではなく、自分の存在そのものを認めてほしい」というZさんの心の声が聴こえたような気がしました。

とはいえ、そのときの私にできたことは、ただ話を聴き、気持ちを受けとめることくらいでした。面談を重ねる中で、Zさんはいろんな話をしてくれました。バスや電車を乗り継いで、2時間近くかけて通学していること、苦手意識があったけれど、休み時間に友達に話しかけてみたこと、1時間目で急に帰りたくなったけれど、なんとか踏みとどまったこと、自分の進路を真剣に考えて進学先を調べてみたことなど、聴いているうちに、「よくがんばっているなあ」と感動することがしばしばありました。

あるとき、話を聴き終わって、「Zさん、あなたのがんばりに、今日も私は励まされたよ」と伝えると、「ほんとですか？　石川先生を

励ますって、私、すごくないですか？」と、Ｚさんはかつてない笑顔で照れながら答えました。

「本当だよ！　すごいよ！　Ｚさんの努力には本当に感動したよ。Ｚさんの話を聴いていたら、私も負けられないなっていう気持ちになったよ。今日、あなたと話せて、本当にうれしかった！」
と、私は感じたことを惜しみなく伝えました。

半年ほど面談を繰り返したところで、学校を休みがちだったＺさんは完全に復活しました。最後の面談でＺさんはこう言いました。

「自分も誰かを励ますことができるんだなって思ったら、ちょっと自信が持てました！　こんな自分でも別にいいんだって思えるようになりました」。私は、もらった言葉をそのまま全部、Ｚさんに返したい気持ちでいっぱいでした。

言葉かけ練習ポイント㊱

Ｉメッセージで伝える

「私は」を主語にして伝える言葉を、「Ｉメッセージ」と言います。「私は励まされたよ」「感動したよ」「私も負けられないなっていう気持ちになったよ」「私はうれしかったよ」というように、プラスの自分の気持ちを伝えます。

言われたほうは、「自分はそんなつもりじゃなかったのに、この人はそう感じたんだ」と、わりと素直に受けとることができます。そして、「自分はこの人をそんな気持ちにさせたんだ」と自分の影響力や存在価値を感じます。Ｉメッセージでプラスの言葉を伝えていくことは、子どもが存在価値や自己肯定感を高めるのに非常に効果的です。

大切な仲間だから、ここにいてほしい

　A先生が担任する小学校4年生のBさんは、「どうせ私なんか」が口癖になっていました。小さい頃から、家庭で何かと厳しく叱責されてきたらしく、自己肯定感が非常に低いようでした。

　低学年の頃からその傾向はありましたが、特に4年生になって、自己否定感が強くなり、教室にもいづらいのか、しばしば保健室に逃げ込むようになりました。「どうせ私なんか、いてもいなくてもいい」「どうせ私なんか、いても何もできない」と言っていました。

　A先生は、クラスの子どもたちと話し合いをしました。「どうしたら、Bさんと教室で一緒に勉強することができるだろうか？」と問いかけると、数名の女子児童が「Bさんと話してくる」と言って、保健室に向かいました。翌日から、Bさんは教室に戻りました。

　A先生はとても驚きました。「なんて言って説得したのか聞くと、『Bさんには、教室に一緒にいてほしい。4年1組の大切な仲間だから』と言っただけと言うのです」。

　A先生は、このときのことを非常に感慨深く話してくれました。

　「子どもたちは、実にシンプルだと感じました。Bさんのために、自分もあれこれ考えたつもりでした。でも、その前に、『大切な仲間だから、ここにいてほしい』。こんなにシンプルで大切な言葉が、どうして自分の口からは出なかったのかと反省しました。子どもたちはすばらしいです。感謝しています」

　もう一つの事例は、「死にたい」とまで言って落ち込んでしまった高校生と、そのお母さんの話です。詳しい事情は伏せますが、親子ともに、非常につらい時期でした。

お母さんはコーチングの素養がある人なので、ショックを受けながらも、お子さんの話を穏やかに受容しました。

　「そう。そんなふうに思うんだね」

　気持ちをすべて受けとったあとに、こう伝えました。

　「あなたがパパとママの子どもとして生まれてきてくれたとき、私たちはものすごくうれしかったんだよ。あなたが私たちの子どもとして生まれてきてくれた、もうそれだけで十分なんだよ。あなたがいてくれるだけでいい。あなたに、ただここにいてほしいんだよ」

　実際、お子さんがこの言葉をどうとらえたのかは、私にはわかりません。その後は、「死にたい」と言うことはなくなり、前向きに自分の課題に取り組んで、自分で乗り越えたそうです。お子さんの強さとそれを信じて支えた親御さんの愛情に敬服します。

　今、自分がどんな状況にあっても、どんなに無力であっても、「自分の存在そのものを無条件に肯定してもらえる」、その安心感と喜びは、子どもにとって、何よりのエールだと私は思います。

言葉かけ練習ポイント㊲

「大切な存在」と伝える

　何か特別なことができなくても、「いるだけでいい」「必要とされている」と感じられたら、誰しも、自分の存在価値を感じ、自己肯定感が高まります。「あなたはそのままでかけがえのない大切な存在だ」ということを伝える「ここにいてほしい」という言葉も、「Ｉメッセージ」の一つです。

　教育やしつけの現場では、相手の将来を思うあまり、「今のままのこの子ではダメだ。もっとこんな子どもに育てなければ」という思いが強くなりがちです。しかし、まず無条件の存在承

認で満たされることによって、子どもは自ら力強く前進していけるのです。

何があっても、いつでもあなたの味方だよ

次は、大学生が、「私のコーチング体験」として、レポートにまとめてくれた事例です。

「私は中学生の頃、相当にひねくれた子どもだったと思います。上から目線でものを言う大人への対抗意識から、何でも批判的にとらえ、抵抗していました。学校の先生たちからも『問題児』扱いされていることは、その態度からも伝わってきて、よけいに反抗心を抱いていました。

そんなときに、学校で生徒の持ち物がなくなるという事件が起き、日頃の生活態度から、私が真っ先に疑われました。もちろん、私は、そんなことはしていませんでしたが、いつも、そうやって、自分のことを目の敵にする先生たちにも嫌気がさしていて、もうどう思われてもいいやと自暴自棄になっていました。

それでも、担任の先生だけは、『あなたじゃないよね』と信じてくれて、校長室に私が呼び出されたときも、校長先生に向かって、自分の弁護をしてくれました。今思うと、先生の立場だったら、校長先生に味方したほうがよかったのではないかと思うのですが、担任の先生は校長先生と対決してくれました。そして、『何があっても、いつでもあなたの味方だよ』と言ってくれました。

私は、もうそれで十分だと思いました。学校中の先生や生徒が、自分を信じてくれなくても、『味方だよ』と言ってくれる人が一人で

もいたら、別にそれでいいと思いました。今になってようやく思いますが、ひねくれ者の私が、最後まで、グレずに卒業できたのは、あの先生のあの言葉のおかげだと思います。

自分を信じて励ましてくれる人をコーチと言うのかなと思ったら、私も、これからは誰かのコーチでいてあげたいなと思います」。

これもまた、一言の重みを強く感じさせられた事例でした。

言葉かけ練習ポイント㊳

常に「味方」でいる

コーチのスタンスの一つに、"常に「味方」でいる"があります。「この人だけは絶対に私を見捨てない」という人が一人いるだけでも、子どもは救われます。「いつでも味方だよ」と伝え、味方のスタンスでいることが、どれだけ、子どもの力づけとなることでしょう。「自分のクラスの生徒だから信じる」「自分の教え子だから大切」という気持ちが伝わることで、救われる子どもたちがいるはずです。

心から信じる気持ちとともに、味方であると伝え続けることで、子どもは勇気と希望を持って前を向いていけるのです。

あなたは本番に強いタイプだから

C先生は、小学校3年生の担任ですが、このクラスの子どもたちは、とりわけ、生き生きしていて意欲的です。1、2年生の頃、引っ込み思案で自信がなさそうだった子どもも、C先生のクラスに入ってからは、急に積極的になりました。授業中に手を挙げる子も増

えました。いったいどんな秘密があるのでしょうか。どうやら、先生が子どもたちにかけている言葉が違うようです。

新年度は、こんな言葉かけから始まりました。

「３年生は小学校の中でも一番おもしろい学年です。そんな楽しい学年がいよいよスタートしますよ。先生もワクワクしています」

何をもって、一番おもしろいとおっしゃっているのかは、私には測りかねますが、そんなことを言われると、子どもたちもちょっとワクワクします。「何だろう？　何がおもしろいんだろう？」と考えるアンテナが立ちます。アンテナが立っていると、「あ！　これかな！」という出来事が思い当たるようになります。そしてＣ先生は、折々に、子どもの強みを次のような言葉で伝えていきます。

「○○さんは本番に強いタイプだから、全校発表も大丈夫だよ」

「○○さんは手先が器用だから、きっと短い時間でどんどん片づけてしまうよね」

「○○さんは聴き上手だから、みんなの意見をまとめてくれるよね」

など、一人ひとりの強みを示しながら、「やれるよね」という前提で伝えます。いつも本当に本番に強いかどうかは、よくわかりません。しかし、そう言われた子は、自然とその気になっていくものです。強みを自覚することで、いっそうその強みが強化されます。

さらに、Ｃ先生はどんな場面でも、子どもたちから「おもしろい」「楽しい」「できた」の気持ちを引き出すような言葉かけをします。

「お！　やってるね！　順調だね」

「やり始めるとどんどん進むね」

「計画どおりできるとやっぱり気持ちいいね」

少しペースダウンしてきたかなと思ったら、

「ここまでできたんだから、あともう少しで終われそうだね」

「みんなだったら、残りはすぐにできると思うよ」

と、子どもを信頼している声かけを行います。これらの言葉を毎日かけられている子どもたちは、どんどん意欲的になっていきます。自分にも自信を持てるようになるのです。

あなたには他の人とは違う可能性がある

　小学校４年生のＤ君は、最近、少し元気がなくなっています。原因はよくわからないのですが、学校に行くことにも友達と遊ぶことにも無気力になり、ときどき嫌がるようになりました。心配したお母さんは、Ｄ君の希望を聴いて、近所のサッカーチームに入れることにしました。

D君が入ったサッカーチームにはユニークな習慣がありました。練習後、コーチが「今日のＭＶＰを発表します！」と言って、その日活躍した子どもの名前を挙げて、全員で承認するのです。

「今日のＭＶＰは、一番元気よく声を出していた○○君！」

「今日のＭＶＰは、一番早く来て準備をしていた○○君！」

「今日のＭＶＰは、一番丁寧に後片づけをした○○君！」

　プレーが光っていた子どもも、もちろん承認しますが、練習以外の場面でがんばっている子、気配りをしている子も見逃さずにヒーローにします。そのことによって、練習以外の掃除や挨拶などにも子どもたちは手を抜かないようになっていくのだそうです。

　D君も、自分では気づいていなかったことでコーチからＭＶＰをもらい、サッカーに通うのがますます楽しくなってきました。「今日ね！　皆の動きをよく見てるって言われたよ！」と嬉々として報告するのです。すると、学校に行くことに対しても、以前ほど、抵抗を示さなくなりました。「学校よりサッカーのほうがずっと楽しい」とは言っていますが、「学校に行きたくない」と言わなくなりました。サッカーの練習に行くために、宿題も、自発的に早く終わらせるようになったのです。これには、お母さんもびっくりでした。

　勉強でも、スポーツでも、どうしても得意な子と、そうでない子がいます。スポーツチームだと、足が速い子、ボールさばきが上手な子などにどうしてもスポットライトが当たりがちです。そして、試合中にいかに活躍するか、いい結果を出すかが、その子どもの価値を決めるようなところがあります。そうすると、ちょっと苦手な子は、たちまち劣等感を抱きます。得意な子は、「自分はレギュラーなんだから」と準備や後片づけをないがしろにしたりします。

　ところがこのチームのコーチは、プレー以外でも、各々の子ども

の強みを観察し、力を入れていることを認め、皆の前で称えます。

　どうしてもレギュラーになれず、落ち込む子どもには、こんな言葉をかけたこともあったそうです。

　「君には他の人とは違う可能性がある。サッカーは１人では勝てない。技術だけでも勝てない。チーム全体の様子を見て、チームの空気をつくることは、勝つためには大事な仕事だけれど、誰もができるわけではない。でも、君にはそれをやれる可能性がある」

　「自分は皆の役に立っている」「皆に認めてもらえている」と思えると、自分の存在価値を感じることができます。D君が学校の勉強にも意欲を取り戻せたのは、自分の価値を感じる体験があったからではないかとお母さんは感じました。

言葉かけ練習ポイント㊵

個性を認める

　言うまでもなく、子どもは一人ひとり違います。各々に個性があり、得意分野があります。皆同じことができなくてもいいのです。「勉強ができない子はダメ」「運動ができない子はダメ」と限られた尺度で評価するのは、「多様性を認め合おう」という時代にあって、もはや時代遅れと言うべきでしょう。

　「勉強ができる子がいい子」という評価だけでは、子どもたちは前向きな気持ちになどなれません。一つのものさしで測るのではなく、さまざまな角度からスポットライトを当て、その子ならではの価値を認めてあげる。そんなアプローチが、これからの時代を生きる子どもたちには、ますます必要なのではないかと思います。

子どもに自分ごととして
考えるよう促す言葉

　日頃、中高校生と進路や日常の課題について話していて、気になることがあります。

　「先生にダメって言われたから、もうどうしようもないんです」

　「ぜんぜんやる気が湧かなくて、このままいったら、自分、どうなっちゃうんでしょうね？」

　「まあ、先生が最終的になんとかするんじゃないですか？」

　自分の課題について、どこか他人ごとのように語ります。「自分自身のことなのに、そんなに無関心、他人任せでいいの？」と思ってしまいます。このまま、自分の人生がおもしろくないことを誰かのせいにして大人になっていくのだろうかと思うと、せつない気持ちになります。

　昨今、学校やＰＴＡのスローガンなどに、「子どもたちの『生きる力』を育もう！」というような言葉がよく見られます。「生きる力」とは何でしょうか？　教師や保護者の言うとおりに動けることが「生きる力」でないことは確かでしょう。

　「生きる力」とは、自分がやりたいことを自分で見つけ、その実現に向かって、自分で考え、自分で決めて、自分で行動できること。その過程で、他者の協力も得ながら、失敗は学びに変え、糧にしていける。そんな力ではないかと思います。

　子どもたちが、自分の課題を自分ごととして自分で考える習慣を身につけるためには、どんな言葉が効果的なのでしょうか。一緒に考えてみませんか。

言葉かけ練習帳

〈子どもに自分ごととして考えるよう促す言葉〉
を挙げてみましょう。

〈例〉それは自分が
コントロールできること？

例えば、こんな言葉かけはいかがでしょうか。

それは自分がコントロールできること？

　中学生のEさんは2年生になって、担任の先生とどうも反りが合わない様子で、急に勉強へのやる気も失い、安定してきていた成績も下がり気味に。家庭教師のFさんは、そんなEさんが心配でした。まずは、気持ちをじっくり聴いてみようと思いました。

　「最近、何か気になっていることがある？」

　「学校がぜんぜん楽しくなくなってきた。どうして、あんな担任のクラスになったんだろう？　もう最悪！　担任のせいでやる気がまったくなくなった。1年生のときのクラスがよかったな」

　「そう、そんなふうに思っているんだ」

　「もう、いちいちムカつく。がんばっても『当然だ』みたいに言われて、できてないことばっかり指摘される。いくらがんばってもしようがない。自分がやる気がなくなったのは、全部、担任が悪い！」

　「そうか、そう思ったんだ」

　「違う先生だったら、もっと平和になれるのに。あ〜あ、担任が替わらないかなぁ」

　「それって、自分がコントロールできること？」

　「え……？」

　「担任の先生を替えるって、Eさんができること？」

　「え？　そんなのできるわけないじゃん」

　「だよね！　だとしたら、それ、ずっと言っていてもしようがないよね。手放そうよ！」

　「はぁ？……」

「今日、雨が降ってるよね。『雨がやんで晴れたら、平和になれるのに。あ〜あ、晴れないかなぁ』って言っていて晴れるかな？　残念ながら、今週はしばらく雨予報みたいだよ」

　「まあ、しようがないでしょ、雨なんだから」

　「だよね！　お天気は自分でコントロールできないよね。同じように、現段階では、担任の先生を替えることも自分ではできないよね。だったら、そこで悩むことは手放そうよ。時間とエネルギーがもったいないよ。今の状況の中で、自分がコントロールできることだけを扱っていこうよ」

　「コントロールできること？」

　「そう！　自分自身が変えられるもの。自分の考え方とか行動とか。『過去と他人は変えられない。変えられるのは自分と未来だけ』っていう言葉があるよね」

　Eさんは、少し考え込みました。明確な返答はこのとき、ありませんでしたが、担任の先生の悪口は言わなくなりました。先日、Fさんにこんな質問をしてきました。

　「今日、学校で男子にめっちゃムカつくこと言われて、頭きたけど、笑って受け流しといた。相手は変えられないから、私が大人な対応をしてやった。これって、自分がコントロールできることだけを扱うってことですよね？」

言葉かけ練習ポイント 41

「自分がコントロールできること」と「コントロールできないこと」を分別する

　困難や悩みに遭遇したときに、「自分がコントロールできること」と「コントロールできないこと」に分別し、コントロー

ルできることだけを扱うように行動を選択していきます。

　基本的に、自分の外側のことはコントロールできません。自分自身が現実をどうとらえ、どう行動するかだけが、自分が扱える領域です。自分がコントロールできないこと、例えば、過去の体験や他者の気持ち、他者の考え、他者の行動、自然現象による影響などは手放し、自分がコントロールできることだけを淡々と扱います。すると、コントロールできないはずのものが、味方をしてくれるようになります。過去の事実は変えられませんが、自分の解釈が変わることで、失敗も美談に変わります。自分が誠実に接することで、苦手だと思っていた相手が、好意的に接してくれるようになることもあります。

　分別するスキルは、自分の人生を幸せに生きていく上で、非常に重要な「生きる力」の一つではないでしょうか。

あなたはどうすればいいと思う？

　「先生、掃除をしない人たちがいるんですけど……」と、小学校5年生のG君が、担任のH先生のところに、訴えてきました。次の言葉を待ちましたが、その後、何も言いません。

　「うん、それで、どうしたの？」

　「だから、掃除時間なのに、サボる人がいるんです」

　「そうなんだ」

　「……」

　「それで？」

　「よくないと思いますけど……」

「そうだね」

「……」

H先生は、こういう伝え方をしてくる子どもがG君以外にもいることが、日頃から気になっていました。

「先生、○○君たちがけんかしてるんですけど……」

「先生、教科書を忘れたんですけど……」

何かを訴えてくるのですが、最後まで言わないのです。

子どもたちの保護者と接しているうちに気がつきました。何か問題が起きると、子どもが全部話す前に、先回りして解決してしまう保護者が実に多いのです。

「えっ、そうなの？　それは大変！　お母さんが言ってきてあげる」「忘れたの？　じゃあ、これを使いなさい」

子どもがどうしたらいいのかを考えて言ってくる前に、保護者が解決してしまいます。そうすると、「何か言えば、全部、大人がやってくれる」と子どもは思ってしまうのです。大人が解決してくれるのを待つようになり、自分の問題として扱わなくなります。

そこで、H先生は質問をするようにしました。

「掃除時間に掃除しない人がいるんだね。それで、G君はどうすればいいと思うの？」

「え？……なので、先生、注意してもらえませんか？」

「わかった。そこまで言ってもらえたら、先生にも、G君が何を言いたいのかが伝わるよ。先生もそういう人を見かけたら、注意をするようにするけれど、G君は、どうすればいいと思う？」

「えっと、僕も、もっと協力してほしいと言うようにします」

「そうだね、先生が言わなくても、みんなで気持ちよくできるといいね」

「自分」を主語にして考えるように質問する

「あの人がこうなんです。だから、あの人がこうしてくれたら解決するんです」という話を、「あの人」が目の前にいない状態でいくらしても、本人の課題は解決されません。

相手が自分の課題と向き合うようにするためには、目の前の本人を主語にして質問します。「あの人がこうしてくれるためには、あなたはどうしたらいいと思う？」と、「自分」を主語にして考えるように質問をしていきます。

自分以外の人は、基本的にコントロールできません。ですから、自分の課題を解決するのは自分なんだととらえてもらえるよう、コーチは、「あなたは」を主語にして、ブレずに質問し続けます。

今、自分ができることは何？

コーチ仲間のＩさんの娘さんは中学校２年生で、バレーボール部で部長を務めているそうですが、以前、家庭でこんな悩みを口にしました。

「最近、みんな忙しそうで、やる気がない感じ。がんばっている子もいるけど、そうじゃない子もいて、時間どおりに集まらないし、今一、雰囲気がよくないんだよね。先輩が引退して、私の代になって急にダラダラしてるって言われるのはイヤ。もう！ 部長なんか引き受けなければよかった。だいたい、やりたくてなったわけじゃ

ないのに……」

これに対して、例えば、こんなふうに言ってしまったら、相手はどうなるでしょうか？「あなたが引き受けたんでしょ！　今さらそんなこと、私に言われても困るよ。最後まで責任持ってやりなさい！」、あるいは「それはあなたのせいじゃないよ。がんばっていないみんなが悪いんでしょ。それに、そういうのは、顧問の先生がもっと注意すべきことじゃないの？　あなた一人がそんなに悩まなくてもいいことだと思うよ」。

これらはいずれも、あまり建設的なコミュニケーションとは言えません。安易に「がんばりなさい」と励ましたり、誰かのせいにしたりするだけでは、この子の問題は解決しませんし、課題解決力を高める絶好の機会を活かすことにはなりません。

Ｉさんはまず、話を聴いてみることにしましたが、娘さんは現状について、不満を言うばかりでした。

「みんなで話し合ったほうがいいとは思うんだけど、練習もあるから、そんな時間がとれないんだよね。練習が終わったあとも、早く帰りたい子はさっさと帰るし。話しかけても、なんかめんどうくさそう。そういうこと言うと、よけいに嫌がられそうだし……」

気持ちを受けとめた上で、Ｉさんは質問しました。

「そうなんだね。で、今、自分ができることは何？」

「え？……でも、やる気がない子が多いから、私がなんか言っても、どうせ聴いてくれないし……」

「現状はそうなんだね。で、そんな中でも、今、できることは何？」

「今、できること？……何だろう？　何ができるかな？……やる気がある子も中にはいるから、その子たちと相談してみるかな」

「うん！　どんなふうに？」

「その子たちだったら、練習後、『ちょっといい？』って言っても、時間とってくれると思うから、そこで、どうしたら、もっとみんなが来たくなる部活になるのかを相談してみる。明日朝、学校で『今日、時間とってもらえる？』って声をかけておく」

「うん、まずやってみたら？」

「そうだね。何かやってみないとずっと変わらないしね！」

最近、娘さんは、「部活が楽しい！」と、さらにのめり込んでいるようです。

言葉かけ練習ポイント (43)

「今」できることを聴く

目指すゴールに向かって、「今、自分ができることは何なのか？」を具体的に考えることは、課題を自分ごととし、課題解決力を大いに高めます。安易な励ましやアドバイスよりも、建設的な質問によって対話を重ねることは非常に効果的です。

現実にはさまざまな課題があっても、まず、「できること」に焦点を当てて、行動を促します。うまく課題解決できたら、子どもにとって、この経験は「自分の課題を自分で解決できた！」という成功体験になります。「次も、こんなふうに考えていけばいいんだ！」と学習します。

すべては自分が引き寄せているとしたら？

初めて定時制高校に講演に呼んでいただいたとき、あらかじめ、担当の先生から、こんな情報をいただいていました。

「石川さんが日頃行かれている全日制の生徒とは、少し雰囲気が違うかもしれません。いろんな生徒がいます。年齢層も幅広いですし、家庭環境が複雑な子、いじめや不登校を経験して、全日制を退学した子などもいます」

だからと言って、普段と何かを変える方法も思いつきませんでしたので、いつもどおりに伝えたいことを伝えました。

「高校生の頃、私はとてもネガティヴでした。子どもの頃の夢をすべてあきらめて大人になりました。30歳を過ぎて、今の仕事と出会い、自分が投げかけているものが自分に返ってきていることを学びました。『あいつ、ムカつく』と言えば、逆に『お前、ムカつく』と言われ、『ありがとう』と言えば、『ありがとう』が返ってきます。高校生の頃、あんなにネガティヴだったのは、自分が使っていた言葉のせいだったんだとわかりました。

今、起きていること、出会っている人、すべて自分が引き寄せているとしたら、どう思いますか？ 環境や時代のせいにしていても、何も変わりません。どこにいても、どんなときも、自分がどんな言葉を投げかけるかで自分の思考、行動が変わり、世界が変わります」

講演終了後、数名の生徒さんが職員室までやって来て、私に挨拶をしてくれました。

「今日はお話が聴けて本当によかったです。私はずっと人と比べて、『自分だけがどうしてこんな目にあうんだ？』『どうしてできないんだ？』とつらかったです。でも、すべて自分が引き寄せているんだと思ったら、自分の言葉を変えれば大丈夫なんだって思いました。明日からすごくがんばれそうです。ありがとうございました」と、涙を流しながら言ってくれるのです。

こんなことは、全日制の高校では、体験したことがありませんでした。私は、このときほど、自分がこの仕事を選んだことを心底誇りに思ったことはありませんでした。

「自分の人生、他人しだい」それでいい？

大学受験を控えた高校3年生Jさんをコーチングしていたときのことです。毎回、話を聴きながら、私には、どうにも腑に落ちない違和感がありました。Jさんは、前回のコーチングで「やります！」と言ったことは、だいたい「できました！」と報告してくる非常に

優秀なクライアントでした。

　しかし、どうしても、話の端々に何か引っかかるものを感じるのです。あるとき、ついに、Ｊさんに聞いてみることにしました。

　「何か今、気になっていることとか話してみたいこととかない？」

　この質問に、Ｊさんが絞り出すように言った言葉は、

　「本当にこの進路でいいのか……って思えてきて。でも、今さら理系から文系に変えるなんて、もうできないんです。先生は絶対に許してくれないし、そんなこと無理だし。親も、理系に行くっていうことで応援してくれてるし……」

　受験があと３か月後に迫っている時期でした。確かにこのときがＪさんの本音を初めて引き出せた瞬間だったと思いますが、さすがに、こんな時期にとんでもないことをしてしまったと思いました。

　「親から、ずっと理系に行けと言われていて、私もそれでいいかなと思って勉強してきたんですけど、文系の大学でやりたいことが見つかって、でも、それはもうあきらめないといけないかなと思って、勉強していても虚しくなってきて……。でも、仕方ないですよね。親は理系に行くならお金を出してくれると思うけど、今さら、文系に行くって許されないですよね。だからもういいんです。このまま理系で受験します。今さら言ってもしようがないです」

　正直、私の中でも葛藤が起きていました。Ｊさんには、本当にやりたいことをやってほしい。でも、この時期に、わざわざリスクを冒さなくても……。そのとき、過去に出会ったある人のことが頭の中に浮かんできました。親のすすめで進んだ学校を卒業し、専門職に就き、立派に仕事はしていますが、仕事の愚痴と親への恨みを言い続けて生きている人です。決して、幸せそうには見えません。

　そんな思いもあって、意を決して言ってみました。

「『自分の人生、他人しだい』それでいい？」

Ｊさんは黙ってしまいました。今後の受験勉強に支障を来すかもしれないようなコーチングをしてしまったことを反省しました。

ところが、2週間後のコーチングでは、実に晴れ晴れとしたＪさんの声を聴くことができました。

「文系に変えることにしました！　浪人するかもしれないけど、本当に行きたいところに行きたいと言ったら、親も納得してくれました。なんかスッキリしました！」

それからようやくＪさんが本気で勉強に取り組んでいることが伝わってくるようになりました。話していて、私の違和感もなくなりました。そして、無事、現役合格を果たしたのです。子どもが本当に本気になったら、こんなものです。

言葉かけ練習ポイント 45

自分自身との直面を促す

コーチングでは、基本的に、相手の気持ち、考えを受けとめ、否定はしません。しかし、時には、本人に直面を促すような投げかけをあえてすることがあります。「本当にそう思っているの？」「それでいいの？」と問いかけます。

自分が直視しないようにしてきたことを指摘されると、相手は、苦しいと感じることもあります。ですから、相手の可能性を心から信じ、愛を持って、これらの言葉は発します。自分の本心と正直に向き合えるように見守ります。自分の本心と向き合えたら、子どもは必ず、自分で決断して進んでいきます。

夢に向かう子どもに
かける言葉

　日頃、小・中学校や高校で講演をさせていただくときは、「夢を叶えるコミュケーション」というテーマでお話をさせていただくことが多いです。コーチングという言葉は使いませんが、コーチングの考え方をふんだんに取り入れて話します。考え方とコミュニケーションしだいで、夢は叶えられるんだということを、子どもたちに伝えています。講演の冒頭で、私が必ず投げかける質問があります。

　「皆さん、夢は叶うと思いますか？　叶わないと思いますか？」

　小学生ですと、半数以上の子が「叶うと思う」に手を挙げます。ところが中学生になると、「叶わないと思う」に手を挙げる子が6～7割と逆転します。高校生になると、もう手を挙げるのもめんどうくさいという空気が漂います。

　これは私が接してきた子どもたちの傾向なので、すべてがそうだと言いきれるものではありませんが、年齢が上がるにつれ、しだいに現実的になっていくのを感じます。同時に、自分の可能性の限界を決めてしまい、自己肯定感が低くなっていきます。

　「しょせん、夢は叶わない」と思って生きるのか、「きっと叶う」と思って生きるのかでは、日常のやる気や行動がまったく違うことは想像に難くありません。きれいごとと言われようとも、当然、子どもたちには「きっと叶う」と思って生きていってほしいと思います。だんだん現実的、悲観的になっていく子どもたちに、どんな言葉をかけたら、前向きな気持ちを持ち続けてもらえるのでしょうか。考えてみませんか。

言葉かけ練習帳

〈夢に向かう子どもにかける言葉〉を挙げてみましょう。

〈例〉やりたいと思ったことは、いつか必ずやれる

例えば、こんな言葉かけはいかがでしょうか。

やりたいと思ったことは、いつか必ずやれる

　私のコーチング講座に通っていた受講生の方で、大学卒業後、4年間、民間企業で働き、その後、小学校の先生に転職した人がいます。どうしても、「学校の先生になりたい」という子どもの頃からの夢をあきらめきれず、思いきって退職し、見事に転身しました。

　「夢って叶えられるんですよね」と、しみじみ話されていましたが、こういう実感を持った先生が自分の体験を語ることで、子どもたちもまた、「叶えられるんだ」と思うようになっていくのではないかと私は思います。

　この先生は、教員になってからもまた、おもしろい体験をされたようです。

　「以前は、コーチになって、いろんな人の相談にのる仕事をしてみたいと思ったこともあったんです。今では、定期的に保護者の方の相談にのる機会があって、コーチングを活用しています。まるでプロコーチ並みのスケジュールで面談をしていますよ。学生時代に海外出張をしてみたいと思っていたことも、教員になったら100％無理だと思っていましたが、研修旅行でもう3か国も引率しました。あと、幼稚園の卒業アルバムに『将来の夢：ゴルファー』と書いたのですが、学校の特別授業でゴルフを教えることができました。プロではありませんが、レッスンプロくらいは実現しました。こんな形で夢って叶うんだなと思いました。『やりたいと思ったことは、いつか必ずやれるんだよ』と子どもたちにも話しています」

　すばらしい先生だと思いませんか。

「自分が夢を叶えた経験がないから、子どもに言う資格がない」とおっしゃる方もありますが、よくよく思い出していただいたら、あこがれたことややってみたかったことが実際にやれたという体験が何かしらあるのではないでしょうか。それをぜひ、子どもたちにも伝えてみてほしいのです。

言葉かけ練習ポイント㊻

　内側から湧いてくる動機を大切に

　「これをやってみたい」「これになってみたい」と何かしら心に宿る願望は、それを何らかの形で実現する力がすでに自分の内側に備わっているから湧いてくるという考え方があります。まったく自分の中にその要素がなければ、願望が湧いてくることすらないのです。「実現できないことはイメージできない」というわけです。

　ですから、どんなことでも、子どもが「やりたい」と思ったことは、否定せずに、大切に受け取り、「いつか必ずやれる」と応援してあげてほしいと思います。

イメージできないことは実現できない

　これは、子ども対象の講演の中で、私がしている話です。

　「今、皆さんの目の前にある形あるものは、もともとは、誰かの頭の中にあったものです。例えば、今、私が使っているこのマイク。大勢の人の前で話すときに、声が大きくなるものがあると便利だろうなあと思った人がいたから、こうしてできあがりました。皆さん

が使っている筆記用具などもそうです。こういう持ち歩けるものがあったら、書きたいときに書き留められていいだろうなあと思った人が、最初に頭の中に思い浮かべて、実際に形にしました。車や携帯電話なども同じです。

　まず、頭の中で、イメージしなければ、現物は生まれません。イメージできないものは現れないのです。だから、まず、自分がどうなりたいのかをイメージしてほしいのです。

　近所をなんとなく散歩していて、ある日突然、富士山の山頂にいたということはありません。『富士山に登りたい！　登ったら、気持ちいいだろうなあ』とイメージをすることからスタートします。『じゃあ、いつ登る？　どんなルートで？　準備は？』こうして考えて行動していくから、富士山頂にいるという姿が現実化します。

　まず、イメージしてください。自分がなりたいもの、やってみたいこと、行きたいところをありありと！　それが夢を叶える第一歩です」

言葉かけ練習ポイント㊼

ビジョンを描くよう促す

　コーチングを受けた人が、なぜ、目標を達成し、夢を叶えていくのかというと、定期的に、継続して、ビジョンを描いているからです。コーチは、その人が行きたいゴールに向かって、その映像がより鮮明になるように対話を繰り返していきます。

　リアルなイメージを描き続けることで、そこに向かうやる気も生まれ、必要な情報が入ってきやすくなります。ビジョンを思い描くことが夢に向かうスタートなのです。

　ですから、決して、将来の不安をあおるとか、失敗した姿を

イメージさせるとか、そのようなかかわり方ではなく、「こうなったらすばらしい」「そこに行きたい」と本人が感じるような働きかけをしていきます。

夢を叶える方法は一つじゃない

「じゃあ、やっぱりやめたほうがいいですか？」

自分の進路について、二者択一で、こちらに選択を迫る子どもがけっこういます。

「子どもに声をかけてみたんですが、反応が返ってこないんです。やっぱり、うちの子どもにはコーチングはできないみたいです」

先生や保護者の皆さんの中にまで、非常に安易に「良い」or「悪い」、「正しい」or「間違っている」などという、幅の狭い判断を下してしまう方がいらっしゃいます。言葉は悪いのですが、なぜ、こんなに短絡的なのでしょうか？

コーチングの考え方を子どもたちに話していて、子どもたちが食いついてくる瞬間があります。こんな話をしているときです。

「以前、何かのＣＭでも紹介していましたが、覚えている人、いますか？ 『3 + 7 = □』、この□に入る答えは何ですか？ そうですよね、10ですよね。じゃあ、『□ + □ = 10』、この□に入る答えは何ですか？ ちょっと考えてみてください。……そうですよね、無限にありますよね。整数だけで考えていると限界がありますが、小数、分数まで広げて考えていったら、無限に答えは存在します。

私たちは、『3 + 7』はいくつになるのかというたった一つしかない正解を求めることにはすごく慣れています。でも、皆さんがこれ

から出ていく社会は、常に、『□＋□＝10』を考える世界なのです。さらに、これからの時代は、『□＋□＝□』という答えの□に入るものさえ自分で編み出していく世界なのです。

　皆さんがやりたいこと、叶えたいことを実現するための答えは、一つしかないということは絶対にありません。無限にあります。自分で考えて実現できるんです。誰かが正解を持っているわけじゃないんです。たとえ今、希望する職種への就職ができなかったとしても、夢にたどりつく選択肢やルートはまだまだあります」

　そんな話を子どもたちは真剣に聴いてくれます。

　「答えは一つしかない」、あるいは、「二つに一つ」と思うと苦しいです。でも、子どもたちは、自分で気づいていくのです。

　「夢を叶える方法は一つじゃない。他にも可能性があるのかも！自分にもやれるかも！」

　そう思えると、子どもたちの目が輝き出すのです。

　「大人になってもつらいだけ。どうせ仕事をしないといけないのなら、なるべく楽な仕事のほうがいい」と感じている子どもたちは、今の日本にはすごく多いように思います。未来に明るい希望が持てない、自分への可能性を感じられない中で、ただ叱咤激励されるだけではつらいです。「答えは無限にある。それは自分で編み出せる」。これからの時代は、そんな考え方が必要であると感じます。

言葉かけ練習ポイント48

無限選択肢

　時間がないからできない、お金がないからできない、やったことがないからできない等々、できない理由をあげるのではなく、コーチングでは、「どうすればできるのか」をできるだけた

くさんあげていきます。たくさんあげたものの中から、最適な方法を選択します。

それでうまくいかなかったとしても大丈夫！ まだまだ他の選択肢があります。「これがダメだったら、次はこの方法！」「それでもダメだったら、この方法！」と考えて選択し、試し続けていきます。どんな方法で夢が叶うかはわかりません。それを探り続けることもまた、夢に向かう醍醐味ではないでしょうか。

やらないよりやったほうがいい

子どもたちに向けて、こんな話もします。

「ときどき、『自分には難しいな』と思う仕事が来ます。『できません』と言って断ろうかなとも思います。断ってしまったら、気持ちは楽です。でも、やらないと何も残りません。

『難しそうだけど、やってみる！』と引き受けると、確かに、大変なこともあります。新たに勉強したり、時間をかけて準備をしたりしなければいけません。やってみてうまくいくかというと、思うようにはいかないこともあります。『失敗だった！』と思うこともあります。でも、やった体験は必ず何か残ります。

『やらない』を選択し続けると、ずっと何も残りません。むしろ、『やってみたら、できたかもしれないな』とか『あのとき、やっておけばよかったな』という気持ちが、ずっと自分をマイナスのほうに引っ張り続けます。このほうがずっとエネルギーが奪われる感じがして、つらいです。

うまくいくかどうかわからないけれど、『やる』を選択すると、必ず何かの体験が残ります。失敗しても、その体験を次に活かすようにすれば、それはかけがえのないすばらしい資源です。『私はチャレンジした！』という完了感は必ず残ります。だから、何であっても、やらないよりやったほうがいい。同じ人生を生きるのなら、うまくいったこともいかなかったことも、できるだけたくさん体験して、味わい尽くしたほうが豊かだと私は感じます。

　例えば、今日、皆さんにこうしてお話しするという役割を『私にはうまくできるかどうかわからないからやりません』と断っていたら、皆さんに出会うこともなかったでしょう。今日、私の話を聴いてもらって、一人でも『なるほどな！』と思ってもらえたら『やってよかった』と思いますし、たとえ『つまらなかった。時間の無駄だった』と思われたとしても『次はどんな工夫をすれば、役に立てる話ができるだろう？』と考えるきっかけになります。何もしなければ、それすらも残らず、一生、成長することはありません。

　『やらない』を選択すると、成功も失敗も体験できません。『やる』を選択してチャレンジすることは、結果がどちらであっても、必ず自分にとってプラスになります。だから、私は、やらないよりやったほうが絶対にいいと思っています。今日も、『やる』を選択して、皆さんに出会えたこと、『本当によかった！』と思います」

言葉かけ練習ポイント㊾

体験から学ぶ

　夢に向かう過程では、当然のことながら、さまざまなことが起こるでしょう。常に、順風満帆でうまくいくことばかりではありません。「うまくいかなかったらどうしよう？」「やってみ

たいけれど、ちょっと怖いな」という気持ちはつきものです。

　コーチングでは、単なる成功・失敗という結果を重視するのではなく、その過程で起きる「体験」から学ぶことに重きを置きます。どんな体験であっても、「体験に無駄なし」です。子どもたちにもそう思ってもらえたら、夢に向かってチャレンジする子どもが増えるのではないでしょうか。

夢を叶えるスイッチを押そう！

　子どもたちへの講演で、「皆さん、夢は叶うと思いますか？　叶わないと思いますか？」と聞いたあと、必ず伝えることがあります。

　「私は、夢は叶うと思っています。そんなことを言っても、周りの大人を見て、夢を叶えている人もいるけれど、叶えていない人もいるじゃないかって、そう思う人もいるでしょう。そうなんです。夢を叶えられる人と叶えられない人がいるんです。

　夢を叶える力は、みんな持って生まれてきています。でも、全員が叶えているわけではない。その違いは何だと思いますか？　夢を叶えられる人は、夢を叶えるスイッチを押し続けて生きている人です。叶えられない人は、そんなスイッチなんか押したこともない人です。一生、スイッチをオフにしたまま生きてしまいます。とてももったいないです。

　じゃあ、夢を叶えるスイッチって何だと思いますか？　それが、言葉なんです。どんな言葉を使うかによって、スイッチがオンになったり、オフになったりしてしまうのです。どんな言葉が、スイッチをオンにするかというと、プラスの言葉です。

例えば、『大丈夫』『私はできる』『きっとうまくいく』『ついてる』『うれしい』『楽しい』『幸せ』『ありがとう』……まだまだたくさんありますね。プラスの言葉をたくさん言うようにしてみてください。皆さんの中にある夢を叶えるスイッチが入ります。

　私は、この方法を、30歳を過ぎてから初めて知りました。それまでは、『ダメだ』『できない』『無理』『わからない』『つまらない』『疲れた』『ついてない』『あの人のせい』……などとマイナスの言葉ばかり言っていました。プラスの言葉に変えると、どんどんやりたかったことがやれるようになりました。大人になってからでも遅くはありませんでした。皆さんは、今、何歳ですか？　今から、毎日、スイッチを押し続けたら、どんな未来が待っているでしょうか。楽しみですね！　夢を叶えるスイッチを押していきましょう！」

言葉かけ練習ポイント㊿

コーチはブレずに伝える

　「夢は叶う」などという言葉は、きれいごとに聞こえるかもしれません。それでも、大人がブレずに、「自分しだいで夢は叶うんだよ」と伝えることで、背中を押される子どもは確実にいます。現実を見ると、とてもそうは思えないとあきらめている子どもたちも、本当はどこかで背中を押してほしいのではないかと感じます。「夢は叶う」と言ってほしいのです。

　コーチは、それをブレずに伝える存在です。最近の子どもは「夢がない」「覇気がない」と嘆く前に、大人があきらめずに、子どもの未来と可能性を信じて、背中を押す言葉をかけていきたいものです。

おわりに

　今回、本書を執筆するにあたって、これまで出会ってきた多くの子どもたちや大人の皆さんとのやりとりを思い返しました。子どもにこんな言葉をかけたら、こんな表情をした。こんな言葉が返ってきた。こんな行動をとった。その一つひとつを思い起こす過程を経て、この一冊が出来上がりました。

　私は、教育者でも研究者でもありません。強いて言えば、実践者です。「この言葉で、本当に効果があるでしょうか？」と聞かれたら、その根拠を詳しく説明するよりも、「まず、使ってみましょう！」とおすすめしてしまいます。理屈を探るよりも、一人でも多くの目の前の子どもと向き合って話を聴いてみたい、言葉をかけてみたい、その体験を通して、効果的なものはどんどん発信していきたい、そのために時間を使いたいと思うのです。

　ここで紹介した事例を通して、ご自身の近くにいる子どもたちに思いを馳せていただいて、「ちょっと試してみようかな」と実践につなげていただけたらうれしく思います。

　ただ、本書で紹介した言葉をそのまま使っても、同じ結果は得られないかもしれません。人は深い存在なので、マニュアルどおりの反応が得られるとは限らないのです。

　本書で感じ取っていただきたいことは、単なる言葉のテクニックではなく、その言葉の根底にある言葉かける人の「あり方」です。本書の【言葉かけ練習ポイント】は、あり方を深め豊かにすることも目指したポイントとなっています。

あり方は確実にその人の言葉に現れます。「夢は叶う」と実感している人は、「夢は叶う」という前提の言葉を発します。子どもの可能性を信じている人は、子どもへの信頼が自然と言葉ににじみ出ます。

　あり方をキャッチする子どもたちの感度は恐ろしく高いです。こちらのあり方が常に試されます。「この言葉を言えば、自分の思いどおりに子どもが動く」などと思った瞬間に、もう心のシャッターを降ろされます。決して、テクニックに頼ることなく、自分のあり方を常に問いただすこと。子どもたちからは、いつもその大切さを痛いほど教えてもらっています。

＊

　本書は、実に多くの方のお力添えによって出来上がりました。これまで出会ってきた多くの子どもたち、子どもとかかわる皆様からご提供いただいた生きた事例なくしては形になりませんでした。事例の掲載を快くご許可いただいた皆様に心から感謝いたします。

　これらの事例には、ここ10年ほど連載コラムを書かせていただいている「ベネッセ教育情報サイト」（https://www.benesse.jp）で、すでにご紹介したものも含まれています。今回の出版にあたり、多少、加筆修正し転載させていただきました。長年にわたって貴重な機会を頂戴していることに深く感謝申し上げます。

　また、私が日々大切にしている「言葉」について、あらためてまとめる機会をつくってくださった、ほんの森出版の小林敏史さんに厚く御礼申し上げます。

　ここに集められた言葉を通して、一人でも多くの子どもが、自分の可能性を信じて力強く夢を叶えてくれたら、そして、子どもとかかわる皆様が、子どもの成長を心から喜び、充実感を得られたら、こんなに幸せなことはありません。

2018年8月吉日　　　　　　　　　　　　　　石川　尚子

〈著者紹介〉

石川 尚子（いしかわ なおこ）
国際コーチ連盟プロフェッショナル認定コーチ

　大阪外国語大学卒業後、出版社に勤務。企業研修、講演会の運営、企画、教材開発や講師を担当。2002年、ビジネスコーチとして独立。経営者、管理職、営業職などのパーソナルコーチングを行うかたわら、高校生・大学生の就職カウンセリング、就職セミナーに携わる。コーチング、コミュニケーション研修の講師として、小中学生から企業の経営者まで、幅広い層に対して、全国で講演活動を行っている。

　現在、（株）ゆめかな代表取締役、国際コーチ連盟プロフェッショナル認定コーチ、（一財）生涯学習開発財団認定プロフェッショナルコーチ、PHP認定上級ビジネスコーチ。

　著書に『子どもを伸ばす共育コーチング』（柏植書房新社）、『やってみよう！ コーチング』（ほんの森出版）、『コーチングのとびら』（Dybooks）、『オランダ流コーチングがブレない「自分軸」を作る』（七つ森書館）などがある。

　ホームページ　http://www.b-coach.jp/

コーチングで学ぶ「言葉かけ」練習帳

2019年1月10日　初　版　発行

著　者　石川尚子
発行人　小林敏史
発行所　ほんの森出版株式会社
〒145-0062　東京都大田区北千束3-16-11
TEL 03-5754-3346　FAX 03-5918-8146
https://www.honnomori.co.jp

印刷・製本所　研友社印刷株式会社